おしゃれ上手のクローゼット収納術

マイナビ

Introduction

はじめに

本書を手に取ってくださったあなたは、きっと、おしゃれが好きな人だと思います。だけど、クローゼットの整理が苦手で、似たようなものばかり買ってしまったり、片付けてもすぐに散らかってしまったり、また、毎朝ぎゅうぎゅうなクローゼットの前で「着る服がない！」と嘆いていたりするかもしれません。

もし、クローゼットがお店のディスプレイのようにきれいに整理整頓されていて、どこに何が入っているのか一目瞭然、取り出しもスムーズだったとしたら。

毎朝の服選びがどんなにラクなことか。慌ててアイロンを掛けたり、「あれがない、これがない」と騒いだりしなくてもいいのです。

自分のワードローブにないもの、または同じようなアイテムも把握しやすいので、買い物だって今まで以上に収穫のあるものになるはず。

何より、おしゃれをするのがもっと楽しくなるでしょう。

本書では、そんな心地のよいクローゼットの作り方を、各方面で活躍中のおしゃれ上手さん、暮らし上手さんたちのご自宅におじゃまして教えていただきました。

ふたり暮らしやひとり暮らし、お子さんがいるおうち、賃貸マンションや一戸建てなど、クローゼットの数や広さもさまざまですが、「詰め込みすぎない」「デッドスペースを活用する」「出し入れしやすい収納を作る」……などは共通のルールのようです。

自分とは違う暮らしのタイプの実例にもヒントはたくさんありますから、まずは、取り入れやすいことからはじめてみてください。

少しの心掛けで、毎朝の服選びはぐっと快適に、そして楽しくなるはずです。

本編では、クローゼットやワードローブの他に、インテリアのことやキッチンまわりの収納や片付けのことも紹介しています。

こちらも参考にしていただけたら幸いです。

Contents

エッセイスト　柳沢小実さん

File 1

詰め込みすぎない8割収納
すっきりクローゼット

柳沢小実さん

エッセイスト、整理収納アドバイザー。暮らしについての著書が多く『大人の旅じたく』（マイナビ出版）、『土曜の朝だけ！「きちんと」が続く週末家事』（大和書房）などがある。

間取り▶マンション、2LDK
家族構成▶ご主人とふたり暮らし

柳沢さんの

Closet rule
クローゼット作りのルール

- □ クローゼットの 2割は空けて
  アイテムを見やすくする
- □ 入れやすくてしまいやすいを基本にする
- □ アイテム別に身頃の方向を揃えて掛ける
- □ ハンガーはアイテムに合わせて統一する
- □ キャスター付き収納などで
  出し入れしやすくする
- □ アクセサリーは見せる収納に
- □ クローゼットダイアリーをつけて
  必要なアイテムをリストアップ

アイテムを厳選して8割収納を目指して整理

半間に満たない大きさのクローゼットには柳沢さんのワードローブがコンパクトに収められています。中身はハンガーに掛けられたアイテムとワゴンに畳まれたもののみで、厳選されたクローゼットに。「基本は8割収納で、詰め込みすぎないようにしています。開けたときに一目瞭然というのが好きです」と柳沢さん。すっきりしたクローゼットにするためには、ワードローブを厳選しているのだとか。「長く着ることができるかより、何回着ることができるかを重視しています。数シーズン十分に着て着倒せば、入れ替えもスムーズ。無駄なアイテムもなくなり、クローゼットもすっきりします」

アクセサリーはチェストの上にプレートを置いて、ひと目で選べるようにしている。

クローゼット内に設置したスチールワゴンにはニットやカットソーを収納。
キャスター付きなので入れ替えや掃除もしやすい。

My closet 1

基本はハンガーで収納して出し入れしやすくする

余裕を持つと片付けもラクになる

寝室にあるクローゼットは仕切り板で分かれていて、柳沢さんとご主人とでそれぞれ使っています(左側が柳沢さん用)。よく使うアイテムはハンガーに掛けて収納が基本。ニットは「無印良品」の収納ケースとキャスター付きのワゴンに入れています。柳沢さんもご主人も詰め込みすぎず、出し入れしやすい分量ですっきり。クローゼットの2割は空けておき、スペースに余裕を作るのがポイントだそう。「服も小物も毎日出し入れするものですよね。余裕を持って収納しておくと戻すときも神経質にならなくてもいいし、クローゼット全体を把握できます」

(左)ハンガーは3種類ぐらいでアイテムに合わせて使うようにする。(右)ワゴンや収納ケースは掛けたアイテムとぶつからないように高さを考えて、設置するようにする。

クローゼットの上の棚のバスケットにはテーブルクロスなどを収納して、見た目もすっきりするように。詰め込みすぎないようにしている。

ワイヤーラックには普段使いするものを畳んで収納し、「無印良品」の収納ケースは主にシーズンオフのアイテムを保管している。

Closet 1

広さ▶高さ250cm×幅76cm×2つ

使う人▶柳沢さんとご主人

主に収納するもの▶ブラウス、シャツ、カットソー、ニット、スカート、パンツ、ワンピース、コート、ストール、ベルト、帽子、バッグなど

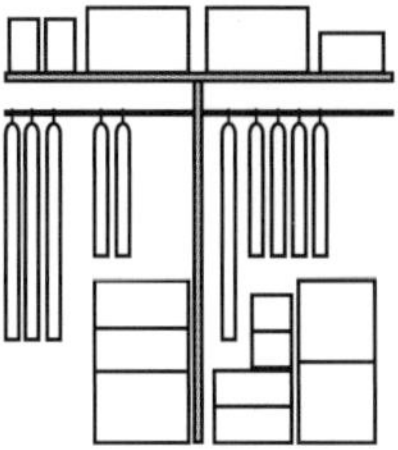

柳沢さんの 収納 Point

- □ 掛けられるものはすべてハンガーに掛ける
- □ きっちり収納しすぎないようにする
- □ ハンガーに掛けたアイテムと収納ケースはぶつからないようにする
- □ 上の棚は中身が見えないようにバスケットなどを使う

出し入れしやすく、全体を把握しやすくするためにアイテムは厳選して収納。衣替えは年に2回ぐらいで少量のアイテムを入れ替えする程度。

My closet 2

アイテム別にハンガーに掛けて収納する

身頃の方向を揃えて、ハンガーに掛ける

トップスとボトムスは、ハンガーで収納することでクローゼット全体を把握しやすく、コーディネートも考えやすいとか。「トップスとボトムスの間には少し空間を空けています。間にはS字フックを使ってバッグを掛けておきます。掛ける場所を決めておけば、アイテムが混ざってクローゼット内が乱雑になることもないですね。また、アイテムはすべて向かって右が正面になるように、身頃の方向を揃えるようにしています。見た目もきれいですし、アイテムを選ぶときも見やすいです」

ハンガーは何種類も使わず統一感を。大きめのＳ字フックにバッグを掛けて収納。トップスとボトムスの境界線にもなっていて、服を把握しやすくコーディネート作りに役立つ。

柳沢さんの

収納Point

- □ 身頃を揃えて、ハンガーに掛ける
- □ トップスとボトムスの間を空けて、見やすく

mini column

柳沢さんの

お役立ち収納アイデア

すっきりコンパクトな柳沢さんのクローゼット。
アイテムを効率よく収納するためには、しまう場所を特定して、
出し入れのしやすさに沿ったグッズを使うのがポイント。

滑りにくく使いやすい「MAWA ハンガー」

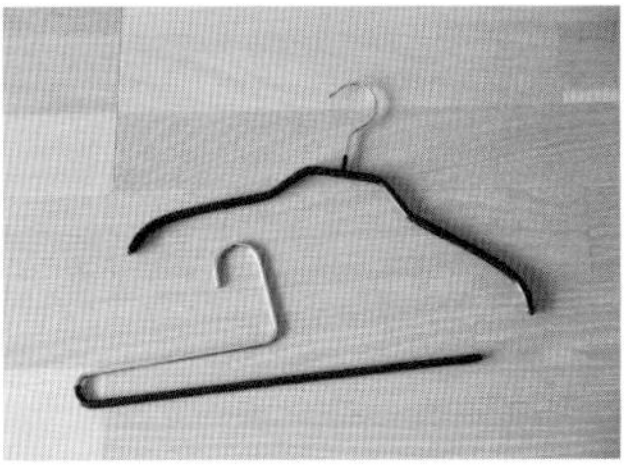

ドイツ製の「MAWA ハンガー」は、特殊加工されていて衣類が滑り落ちないのでおすすめ。特にパンツハンガーは出し入れしやすくてお気に入り。

帽子はカゴに引っ掛けてディスプレイ風に収納する

麦わら帽子は型崩れしにくいように重ねて収納して。「カゴに重ねると、ディスプレイ風になって可愛いです」

使わないハンガーは S字フックにまとめる

使っていないハンガーはまとめてS字フックに掛けておくと、絡まなくていい。予備ハンガーはスペースを取らないワイヤータイプをセレクト。

バラバラになりがちなものはカゴにまとめておく

ベルトやターバンはまとめてカゴに収納。「カゴはアイテムが引っかからないように編まれたものを選んでいます」

My closet 3

衣替えなど入れ替える
アイテムはワゴンで収納

ワゴンを利用したコンパクト収納

「このワゴンは本当にお気に入りなんです。何といってもキャスター付きなのでクローゼットの掃除がしやすいところがいいですね」と柳沢さん。ワゴンの引き出しにはハンガーに掛けると伸びやすいニットやカットソーがくるくる丸めて畳んで収納されていて、衣替えで少量入れ替えることも。基本は重ねず並べて収納することで、引き出したときに見やすいようになっています。ストールやベルトなどの小物はカゴを使って、上段に収納。一番下には布バッグが中心にしまわれていて、コンパクトにまとまっています。

廃盤になってしまった「IKEA」のワゴンを愛用。3段あるワゴンは、上2段がワイヤーの引き出しに、下1段は収納ケースに。引き出しタイプなので出し入れしやすく、くるくる丸める収納もしやすい。

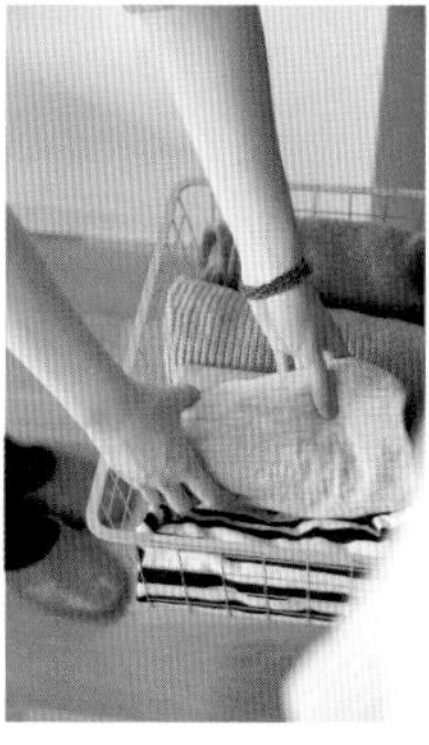

ワゴンの上段にはカゴを配置してストールや、帽子、ベルトを収納し、カゴの下には旅用の服をしまってスペースを効率よく使う工夫が。カゴは持ち手付きで取り出しやすい。

ワゴン上段

ワゴン下段

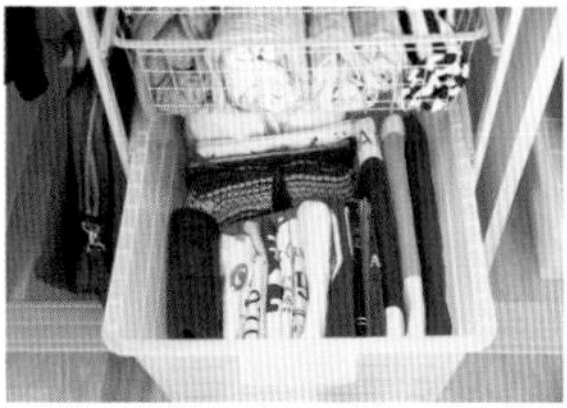

ワゴン中段

ワゴンの中段のワイヤーの引き出しにはニットやカットソーをくるくる丸め、並べて収納。下段には布のバッグを大きさごとに畳んで入れている。

寝室はどうしてもホコリが立ちやすく、クローゼットも掃除が必要。キャスター付きのワゴンなので掃除しやすく常に清潔感をキープ。

柳沢さんの

収納 Point

- □ キャスター付きのワゴンでクローゼットの掃除がラクに
- □ 細かいものはカゴを使って収納する
- □ ワゴン内では衣類は重ねず並べて収納する

アイテムごとに美しく並べられたアクセサリーコーナー。手に取りやすいようにピアスは陶器のふちに掛けるなど、置き方も工夫されている。

My small items

アクセサリーは
プレートに並べて見せる収納

アクセサリーを置く高さがポイント

ベッドルームにあるガーリーなチェストの上には、うっとりするほど美しいアクセサリースペースが。「アスティエ・ド・ヴィラット」のプレートを中心にアイテムごとにネックレスや時計などが並べられています。外出するときにさっと着けられるようにアイテムごとに重ねず、ある程度余裕を持って並べることが基本ですが、大切なのは置く場所の高さだとか。「腰より上くらいが理想だと思います。高すぎても低すぎてもアクセサリーが見づらいので、手や腰があたらない高さにアクセサリーを置くのがポイントです」

チェストは好みに合わせて自分でペイントする

アクセサリーが飾ってあるチェストの中身はインナー類。このチェストは実家で使っていたものを自分でペイントし、持ち手も替えてリメイクしたもの。部屋全体を優しい雰囲気に。

ネックレスは絡まないよう
フックに掛けて飾る

絡みがちな大ぶりのネックレスは壁にフックを付けて、ディスプレイ風に。華奢なネックレスはチェスト上のプレートへ。チェーン部分はプレートの外に出しておくのが絡まないポイント。

テイストに合わせた
オブジェでセンスよく

持っているアクセサリーに合わせたキャンドルホルダーやオブジェなどを飾れば、アクセサリーコーナーにまとまり感を出してくれる。

My Wardrobe

クローゼットダイアリー作りで毎シーズンのトレンドと必要なアイテムをチェック

クローゼットダイアリーには買ったものや欲しいものを記録。「いいなあと思うアイテムを雑誌から切り抜いて貼っていきます。とても楽しい作業です」

具体的に必要なアイテムをリストアップ

柳沢さんの厳選されたワードローブは10年前からはじめた「クローゼットダイアリー」に秘訣があります。まずは現状をチェックするために、今シーズン買い足したものやどのような洋服を着ていたのかを書き出します。そして、次のシーズン前にトレンドをチェックして、具体的に必要なものをリストアップしていきます。そうすることによって、本当に必要な洋服が何かわかり、予算も立てやすくなるとのこと。「ダイアリーをつけるようになって、毎シーズン必ず着るものや、失敗しやすい価格帯やアイテムがわかってきたので気をつけるようになりました（笑）」

柳沢さんの Wardrobe data

ワードローブ

シャツ・ブラウス	7点
カットソー	4点
ニット	8点
カーディガン	3点
パンツ	5点
デニム	1点
スカート	5点
ワンピース	5点
ジャケット	1点
コート	5点
パーカ	1点
帽子	5点
巻き物	8点
ベルト	3点

柳沢さんの

基本の1week アイテム

1枚でも主役になり、2WAY でも使えるなど、コーディネートによって着こなしの幅が出るものを基本のアイテムに選出。またベーシックカラーでまとめることもポイントです。

● トップス

1枚で着ても、重ね着してもOKのベーシックなデザイン。女性らしい丸みのあるシルエットはさまざまなシーンで使いやすい。

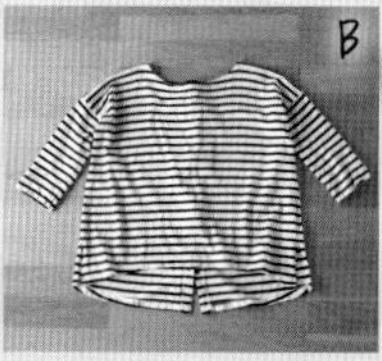

ボーダーカットソー

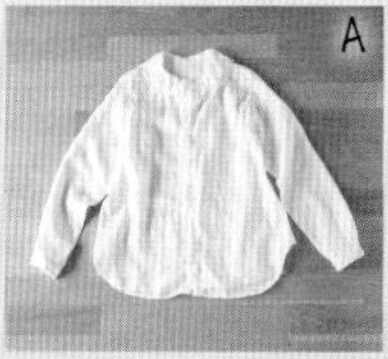

ブラウス

リネンシャツ

● ワンピース

ワンピースは1枚でコーディネートが完成する便利なアイテム。思い切ってデザインなどで遊んでもよい。

ワンピース

● ボトムス

自分にとって着心地がよいベーシックカラーで揃えている。柄物を入れるときもベースはネイビーなどの使いやすいカラーを選んで。

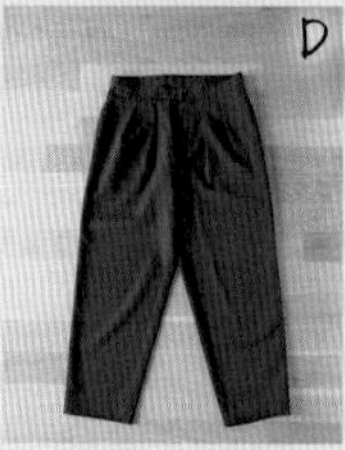

ネイビーパンツ

カーキパンツ

白リネンパンツ

柄スカート

● アウター

通年使えるベーシックカラーの羽織り物は、コーディネートをまとめてくれる存在。リネンなどの素材を選べば、温度調節にも使える。

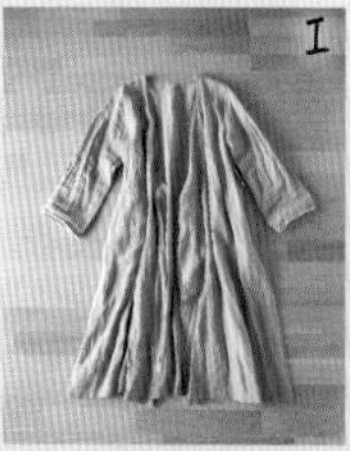

ベージュの
アウター

ブラックの
アウター

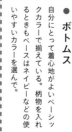

柳沢さんの

基本のアイテムで 1 week coordinate

コーディネート

柳沢さんの暮らしの中に多い、打ち合わせや撮影、自宅で仕事、旅など、シーン別に基本のアイテムを着回し。投入アイテムによってマンネリ感を払拭！

撮影はＩラインですっきり

day 1

白のブラウスに白のパンツを合わせて、ベージュのアウターをプラス。すっきりしたＩラインを意識。

A + F + I

\+

\+

\+

ベルトでウエストラインに動きをつけたり、小物で明るいカラーを取り入れてアクセントに。

柔らかなニットを投入して着こなしに変化を。

ふんわりしたコーディネートになるので、足元はブラックで引き締めるとバランスがいい。

day 2

自宅周辺でゆったりタイム

ニットを重ねてワンピースをスカートのようにコーディネート。女性らしいリラックススタイルに。

バッグも黒でかっちりと。「サンバリア」の日傘で移動中の日焼け対策もバッチリ。

day 3

打ち合わせは爽やかに

ネイビーのパンツやパールのネックレス、白のストールでカジュアルながらもきちんと感を出して。

day 4

食事会は上品に決める

フリルのブラウスにネイビーのパンツを組み合わせて、アクセサリーできちんと感をプラス。

A + D

\+

\+

\+

パールネックレスやクラッチバッグでエレガントさをアップさせるのがポイント。

day 5

展示会はシックで大人めに

ブラックのアウターが重くなりすぎないように、白シャツとベージュのパンツを投入してトーンを明るく。

ベージュのパンツを投入してマンネリ感を払拭。

C + J +

\+

\+

\+

ネックレスはゴールドにしてアクセントに。他の小物はシックにまとめて大人っぽく。

E + H

+

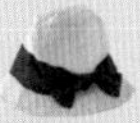

+

+

夏のエスニックスタイルを意識した小物をチョイス。ベルトはカラフルにしてアクセントに。

day 6

ランチはフェミニンに

ワンピースをベルトでブラウジングして、ロールアップしたパンツを重ね着。フェミニンなスタイルに。

C + G

+

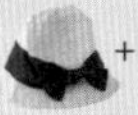

+

+

+

荷物が増える旅先での小物は軽い素材のものを選んで、かさばらないように注意を。

day 7

旅先はシンプルトップスで

シンプルなトップスなら小物を合わせやすく着こなしの幅が広がる。洗濯しやすい素材を選ぶのもポイント。

My Interior

シンプルに見えるように ものは出さないようにする

目線より高いものを
極力避けてすっきりと

インテリアのテイストは決め込まず、まとめすぎないのがモットーの柳沢さん。ただし、座ったときの目線より高いものは避けて、部屋全体に圧迫感がないようにしています。クローゼットと同様に部屋のインテリアも余白が大切。また、こまごましたものはカゴや棚にしまうなどして、散らからないようにしているのもポイントです。「ソファなどが欲しいなと探している最中ですが、家具は大きな買い物なので、見つかるまでは、抜け感のある空間を楽しみたいと思います」

「ロイズ・アンティークス」で購入したブックシェルフは飾り棚として活用。旅行で見つけたオブジェやお気に入りの食器を入れている。

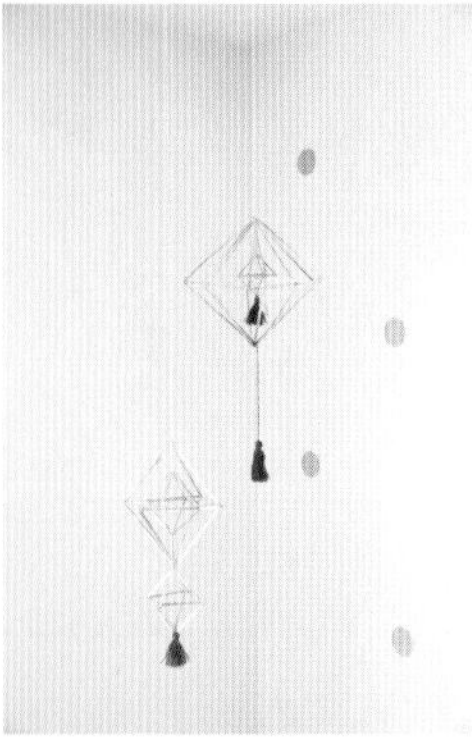

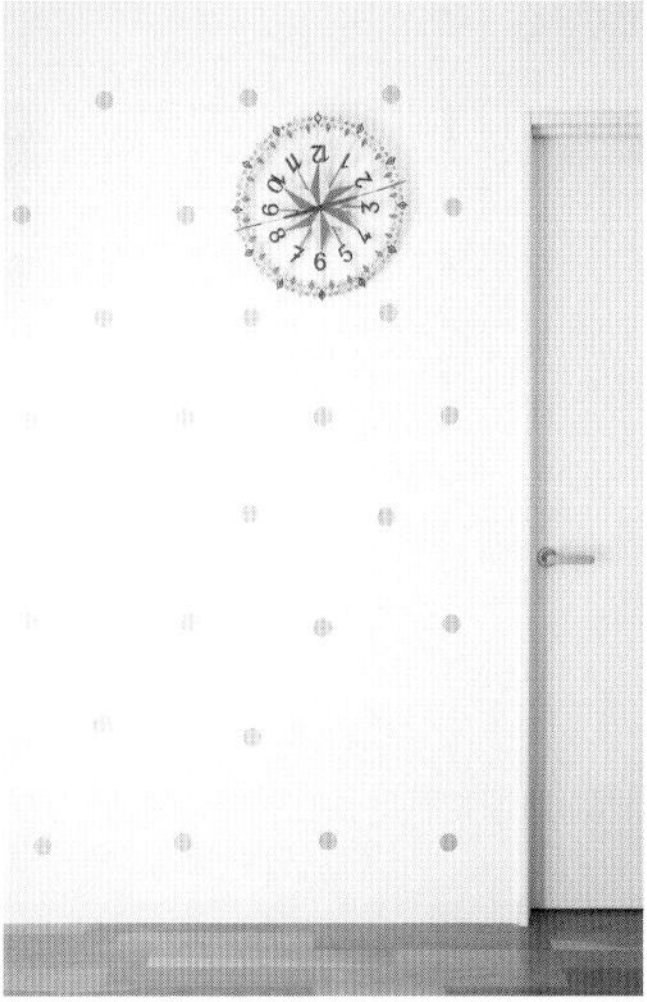

壁を飾って、自分らしさをプラスして楽しむ

壁には柳沢さんがマスキングテープを切って作ったドットが貼られ、部屋にオリジナル感がプラス。またモビールを吊ることで空間を立体的に見せている。

小物は掃除や移動をラクにする、持ち運びできる収納グッズを

ブランケットや観葉植物はある程度まとめて置くと移動や片付けもラクに。カゴやキャスター付きのボックスを利用して整理を。

アンティークな風合いが部屋全体のアクセントに

リビングダイニングの中心になる食器棚はイギリスのアンティークをチョイス。シンプルで温かみのある雰囲気が部屋全体のポイントになる。

柳沢さんの

Interior rule
インテリア作りのルール

- □ インテリアはシンプルにして テイストは決めすぎない
- □ 主張が強いものは避ける
- □ ものはあまり置かず、スペースに余裕を設けるようにする
- □ 壁や天井はモビールなどで空間を立体的に見せる

旅先で購入したカッティングボードはパン用、肉用など、分けて使用。また、お茶が好きな柳沢さん。お気に入りの湯呑みは調理台に出したままに。

My Kitchen

使いやすさと可愛らしさを兼ね備えたキッチン

食材などの整理に大活躍のキッチンワゴン

料理好きな柳沢さん。キッチンは必要なものがすぐ手に届く使い勝手のよさと、好きなものをさりげなく飾った可愛らしさが魅力。まず目にとまるのがキッチンワゴン。「上にはよく使う調味料や早めに使いたい食材を、下段には保存がきくものを置いています。食材は散らかりやすいのでボックスやキャニスターに入れてから、ワゴンに収めています」と柳沢さん。調理台の近くに置いて必要なものを取り出しやすくしているのだとか。調理台やコンロは、出しておいても可愛い銅製のやかんなどがポイントになっています。

食材や調味料はワゴンに。
キッチンでの動きをスムーズに

キッチンの作業台の近くにワゴンを置いて、動線をスムーズに。ワゴンにはよく使う調味料、食材、お皿などを収納。ボックスを使って乱雑に見えないようにきちんと整理されている。

柳沢さんの

mini column

お役立ちキッチン収納アイデア

毎日使うキッチンは食材の整理など、面倒なことも。
柳沢さんはボックスやストッカーを利用して整理しつつ、
見せる収納も実現。取り出しやすい位置に収納するのがポイント。

ボックスやキャニスターで食材を見せる収納に

ワインの空き箱を利用して食材などを保管。ガラスのキャニスターにはお米を入れている。さりげない見せる収納でおしゃれなコーナーに。

よく使うお皿はしまい込まず出しておいて、フレキシブルに

パンなどを焼いたらすぐに取り出せるように、よく使うお皿は食器棚にしまい込まず、ワゴン内のオーブンレンジの上の段に。用途別に皿を分けて。

上にはよく使う調味料やお茶などを並べておく

料理中にすぐ手を伸ばして使える位置に調味料を置いておく。大きさがバラバラの調味料はホーローバットにまとめておくと使いやすい。

長期保存がOKの食材はまとめてストッカーに

長期保存OKな食材はあちこちに置かずに大きめのストッカーに入れて、ワゴンの下の段に保管しておく。使い忘れがないように時々点検を。

ラップ類はまとめて引き出しにしまう

ラップやごみ袋は、調理台に近いワゴンの上段に備え付けた引き出しにしまっておく。むき出しにすると生活感が出るが、引き出しに収納すればすっきり。

明るい日差しが差し込むリビングが柳沢さんの仕事場。抱えている仕事の資料や本はバスケットに入れておくと取り出しやすい。

My Life

仕事、家のこと、旅……
居心地のよさを追求する

暮らしの中心となる場所は居心地よく

リビングにあるダイニングテーブルは、家で仕事をすることが多い柳沢さんにとって、暮らしの中心となる場所。常にすっきりと居心地よくを心掛けているそう。「資料や本は仕事ごとにバスケットに入れて管理しています。食事のときにはいったんバスケットにざっくり入れるだけなのですぐ片付きます」。最近は旅に関する著書も多く執筆していて2〜3カ月に一度は海外へ出かけるそうです。「旅に出て、暮らしに関する新しい発見をして、それを日常生活に取り入れる……。最近はそんなサイクルで暮らしています」

部屋には柳沢さんが旅で出合った雑貨や食器が飾られている。食器棚の上に飾って彩りなどを楽しむ。

エプロンは掛けておき さらっと料理も できるように

ワゴンの隣にお気に入りのエプロンを掛けて、仕事がひと息ついたら料理ができる環境に。梅酒作りなど季節のイベントを大切にしている。

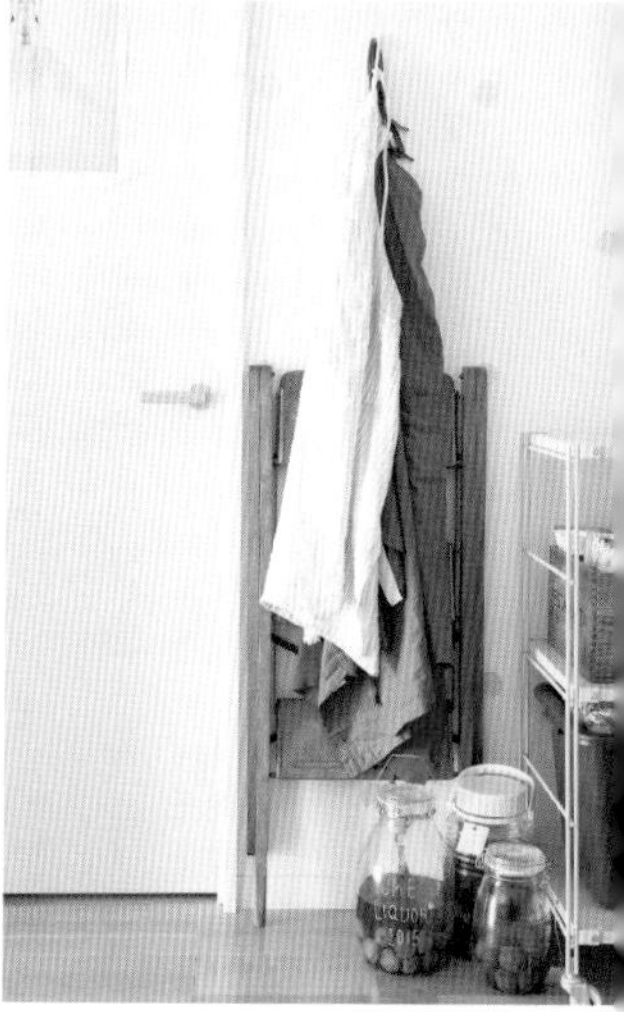

ひとり旅には欠かせない 鉄板アイテム

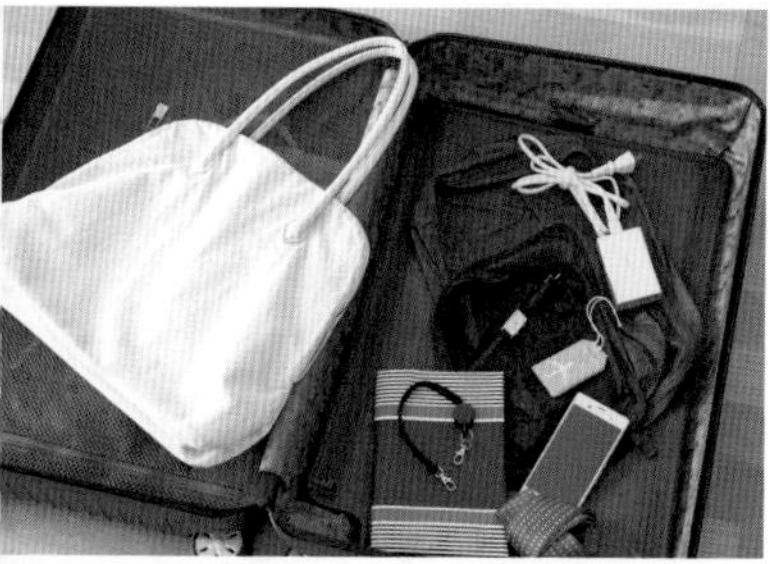

柳沢さんの旅に欠かせないアイテム。衣類ケース、旅先で充電に便利な5口のプラグなど。特に貴重品の紛失を防ぐバッグリールはおすすめ。

一期一会を大切にしている旅で出会った器たち

器も大好きな柳沢さん。写真は最近旅することが多い台湾や香港で購入したもの。「和食器とも合う色使いやデザインに味のあるものを買って、楽しんでいます」

ハンドメイドのモビールでリビングルームに彩りを

長くいる部屋こそ、居心地のいい空間作りが大切。モビールはハンドメイドして自分好みのもので空間を彩るのがポイント。

料理家　ワタナベマキさん

File 2

寝室とリビングの２つのクローゼットを使って効率よく収納する

ワタナベマキさん

旬の素材を活かした体に優しい料理を書籍や雑誌で提案。著書に『Aloha Hawaii Guide』（主婦と生活社）、『わたしの好きな お酢・レモンの料理』（家の光協会）など多数。

間取り▶マンション、2LDK
家族構成▶ご主人、お子さんの3人暮らし

ワタナベさんの

Closet rule
クローゼット作りのルール

- □ 2つのクローゼットは
  アイテム別に収納する
- □ 収納ケースはアイテムごとに分ける
- □ 取り出しやすい位置に収納ケースを置く
- □ 衣替えは収納ケースを
  入れ替えるのみで効率よく
- □ ラフに収納する
- □ 帽子などは帽子箱で収納する
- □ ワードローブの見直しは季節の変わり目に

アイテムごとに収納場所を変えているので取り出しやすい

寝室にある半畳ほどのクローゼットとリビングにある1畳ほどのクローゼットの2つを使っているワタナベさん。寝室のほうにはアウターやワンピースを中心に収納。リビングのほうにはボトムス、小物などを置いているそう。「寝室のクローゼットだけだと、パンツや小物が入りきらなかったのでリビングのクローゼットに収納ケースを置いて子どもと兼用で使っています。2部屋に分かれていると使いにくいかもしれないとも思いましたが、アイテムごとに収納しているので意外とわかりやすいです。着替えはそれぞれでアイテムを選んだら、2つの部屋の中間地点のランドリールームでしています」

寝室のクローゼットの上の棚には帽子を帽子箱に入れて収納。

リビングのクローゼットは、お子さんと兼用にしている。取り出しやすい高さに収納ケースを置くのがポイント。洋服の他に、シーズンオフの電化製品なども収納している。

クローゼットの左側にはコート類、右側にシャツやワンピースなど、アイテムに分けて収納。

My closet 1

寝室のクローゼットはハンガーで収納できるものがメイン

出し入れしやすく、アイテムごとに収納

寝室のクローゼットは半畳ほどのウォークインクローゼットタイプで、扉を開けると左右に棚とハンガーラックがあります。左側には「コート、右側にはシャツやワンピースなどを収納しています。「ウォークインタイプは、クローゼットの中に入って服を出し入れできるのでラクです。ここはあまり衣替えをせず、コート以外は1年中使うものを収納。クローゼットの中心には帽子を重ねたスツールを置いて、開けたときに嬉しくなるポイントにしています」

上の棚にはカゴバッグを収納。カゴ以外の他のバッグはホコリがかからないように専用の袋に入れている。

クローゼットの右側に掛けられたシャツなどは「無印良品」の木製のハンガーで統一して、見た目もきれいに見えるようにしている。

ラックとラックの間はちょうどひとり入れるスペースなので作業しやすい。
上の棚には専用袋に入ったバッグが収納されている。

Closet 1

広さ▶ 0.5畳（ウォークインクローゼット）
使う人▶ワタナベさん
主に収納するもの▶コート、ブラウス、シャツ、ワンピース、帽子、バッグなど

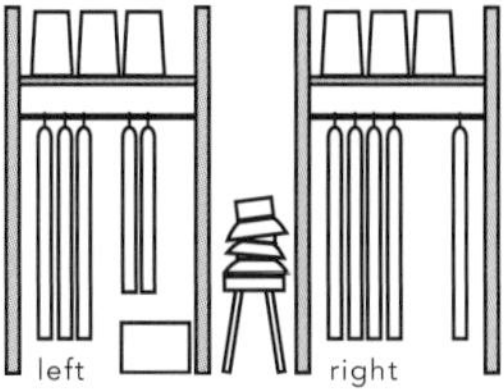

たくさん持っている帽子は、スツールに重ねるように置いてディスプレイ風に整理している。

ワタナベさんの

収納 Point

- □ クローゼットの左側と右側でアイテムを分けて収納する
- □ 上の棚に帽子やバッグを収納する
- □ カゴバッグ以外は専用の袋で収納
- □ 開けたときに嬉しくなる収納をする

My closet 2

家族と兼用のリビングの
クローゼットにはボトムスを収納

取り出しやすい高さに収納する

ボトムスやストールなどの畳めるアイテムは棚タイプのリビングのクローゼットへ。主に「無印良品」の収納ケースが使われています。ボトムスはカラーのグラデーションで整理して、見た目もきれいに。「3段になった棚のうち、取り出しやすい高さの真ん中のスペースに私と10歳の息子の衣類を収納しています。ボトムスはカラーごとに並べるように収納ケースにしまっています。上の棚にはシーズンオフのアイテムやバッグ類を収納して、衣替えも効率よくできるようにしています」

（左）中が透けて見えて、スタッキングもできる「無印良品」の収納ケースは使い勝手がよいのでおすすめ。（右）扉を閉めるとすっきりした空間に。扉の前には家具は置かず、出し入れしやすく。

（上）収納ケースは右から1列目はワタナベさん、2～3列目は息子さん用。右端のカゴのボックスにはストールを収納。（下）上の棚には寝室のクローゼットとは別に普段使いしないバッグを中心に収納。

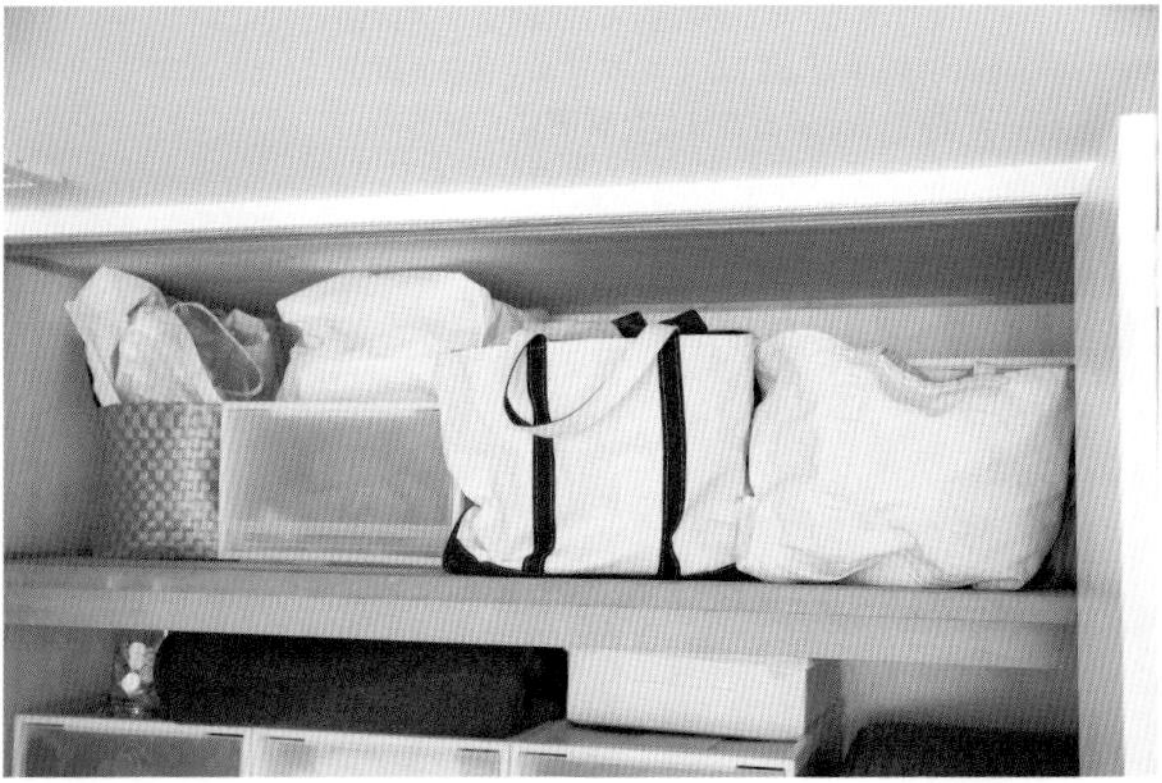

Closet 2

広さ▶1畳
使う人▶ワタナベさんとお子さん
主に収納するもの▶パンツ、ベルト、ストール、靴下、ニット、バッグなど

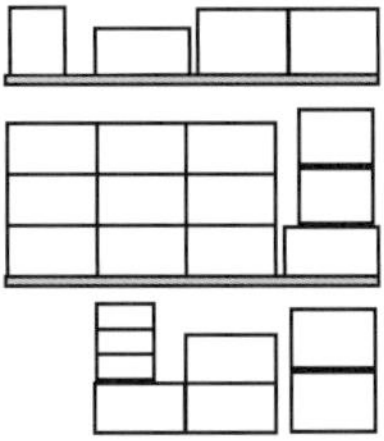

収納ケースには主にボトムスを保管している。グラデーションで並べておくとワードローブの管理もラクになる。

しっかりしたキャンバス地のトートバッグの中には、布製の折り畳めるバッグなどを収納。

ワタナベさんの

収納Point

- □ ボトムスはカラー別にグラデーションで収納する
- □ 出し入れしやすい高さに収納ケースを置く
- □ バッグなどはまとめて収納する
- □ 収納ケースはスタッキング使いをする

My Routine

衣替えは収納ケースを入れ替えるだけで効率よく

短時間で衣替えできる収納を作る

「衣替えは短時間で終わるんです」とワタナベさん。その秘訣は冬しか着ない服、夏しか着ない服をそれぞれ収納ケースに入れて、場所を入れ替えるだけという方法を取っているから。同じ大きさの収納ケースを使っているので、しまうスペースも同じになり、上の棚にしまっているものと入れ替えるだけで衣替えが完了すると言います。またコート類など、頻繁に洗濯やクリーニングできないものは、帰ってきたら必ず専用のブラシでケアをしています。「毎日こまめにやることが、お気に入りアイテムを長持ちさせるコツですね」

「無印良品」の収納ケースは冬物も夏物も同じ大きさのケースに入れておき、上段と中段の位置を入れ替えるだけ。

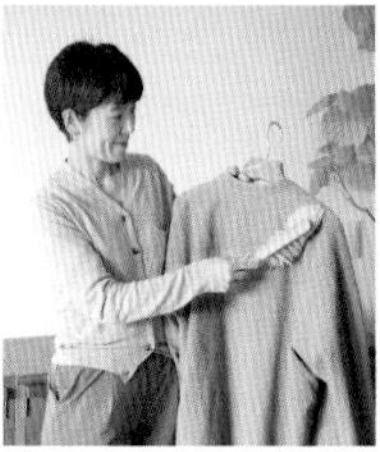

コートなどは専用のブラシでケア。外出して帰ったらその日のうちにホコリを取り除くと、次に着るときも気持ちいい。

mini column

ワタナベさんの

お役立ち収納アイデア

片付けがしやすいように、ものをしまう位置を決めておくのが
ワタナベさん流の収納術。
毎日簡単にできるアイデアやお役立ちグッズをご紹介。

お客様用のハンガーラックを用意して、おもてなしを

折り畳み式のハンガーラック。「普段から来客が多いので、お客様用にコートハンガーを用意して、コートの置き場所に困らないようにしています」

かさばるカゴバッグはバッグインバッグ方式で

カゴバッグは、並べると場所を取りすぎてしまうので、大きなカゴバッグの中に中くらいのカゴバッグ、さらにその中に小さなバッグを入れて収納。

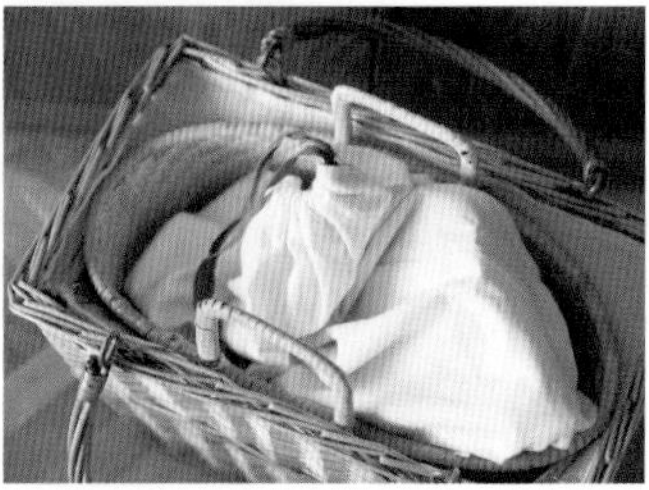

麦わら帽子はスツールに重ねてディスプレイ風に

麦わら帽子が好きでたくさん持っているワタナベさん。丸いスツールを利用して、帽子を重ねておくことでクローゼットのアクセントに。

「無印良品」のハンガーは薄型で防虫・消臭効果も

シャツには「無印良品」のハンガーを愛用。ハンガーの素材はレッドシダーで、防虫消臭効果もあり。薄型なのでたくさん掛けられるのもいい。

仕事柄、車で買い出しに行くことが多いワタナベさんにとって、サングラスは必需品。ケースで保管して選びやすいように重ねず並べて引き出しに収納。

My small items

こまごましたものは収納場所を決めておく

出し入れしやすい動線を考えて収納を

「アクセサリーやサングラスなど、小物はつい出しっぱなし・置きぱっなしにしがちですよね。だからこそしまう場所を決めておき、そこに収納するようにしています。サングラスやメガネは出掛ける直前に手に取れるようにリビングのチェストに、アクセサリーは全体のコーディネートを確認しながら着けられるようにランドリールームに置いています」とワタナベさん。ディスプレイ収納にせずにボックスにしまうのもポイントだとか。「毎日のことなので入れておけばOKにしておくと、片付けるストレスも軽減されますね」

帽子箱は重ねて
スタイリッシュに収納

購入したときの帽子箱をそのまま使用して寝室のクローゼットの棚に。専用の箱なので帽子を重ねて入れても型崩れしない。

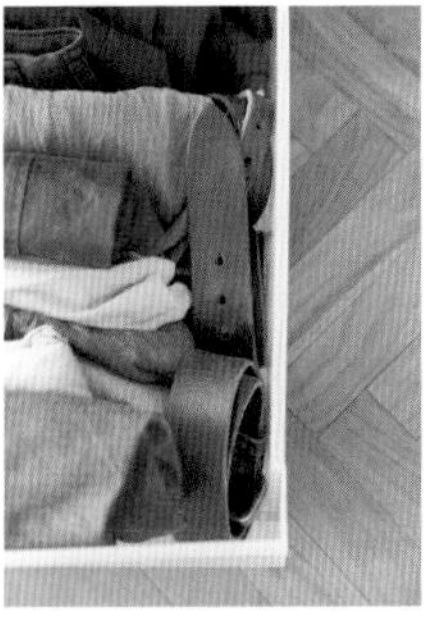

ボトムスとよく使うベルトは
同じ収納ケースに保管

ベルトは別にせず、よく合わせるボトムスと一緒の収納ケースにしまっておく。「着替えるのに時短になるので、おすすめですよ」

ストールは素材ごとに
カゴのボックスに入れる

ストールやマフラーなどは素材や使う季節によって分けて、カゴのボックスに収納しリビングのクローゼットに。

ランドリールームに
アクセサリー箱を置く

ボックスにアイテムごとに布ケースに入れてしまっておくと、傷付かない。着替えをするランドリールームに置いてコーディネートをスムーズに。

My Wardrobe

長く愛用できる
シンプルなデザインを選んで
ワードローブの無駄を減らす

お気に入りのカゴバッグや麦わら帽子は、コーディネートのポイントに。

寝室のクローゼットにはお気に入りのワンピースやブラウスを収納。まんべんなく着たいので、アイテムを詰め込みすぎないようにしている。

長く使えるアイテムでコーディネートを

洋服を買うなら、シルエットがきれいでシンプルなデザインを中心に選ぶことが多いというワタナベさん。ワンピースなら、羽織りに使えるカシュクールタイプや、インナーを替えればオールシーズン活用できるシンプルデザインをセレクト。「長く使えるものが好きですね。また家での仕事が主なので、着ていてラクな軽い素材感のものを選んでいます」。

長く愛用できるものを見極めて買うことで、ワードローブの無駄を減らすようにしているとか。トレンドは追わずに、好きなアイテムを着回すのがワタナベさん流のようです。

ワタナベさんの

Wardrobe data
ワードローブ

シャツ・ブラウス	16点
Tシャツ	40点
キャミ・タンクトップ	10点
カットソー	25点
ニット	40点
カーディガン	24点
パンツ	40点
デニム	8点
スカート	5点
ワンピース	7点
ジャケット	23点
コート	26点
パーカ	5点
帽子	22点
巻き物	15点
ベルト	20点

ワタナベさんの

基本の1weekアイテム

お気に入りのスタイルの、
ワンピース＋ボトムスが完成するアイテムをチョイス。
どのアイテムもシンプルなデザインをポイントに選ぶと着回ししやすい。

前開きの
ワンピース

カシュクール
ワンピース

● ワンピース

羽織りとして使える、カシュクールタイプや前開きのデザインを中心にセレクト。色もベーシックカラーを選んで。

ブラウンの
ワンピース

ブラウス

● トップス

1枚でもコーディネートが完成する主役級のブラウスと、インナーとして活躍するタンクトップなどを選ぶのがポイント。

● ボトムス

カジュアルにもお出掛けシーンにも使えるようにデニムやテーパードパンツなどをラインナップ。アンクル丈で抜け感を。

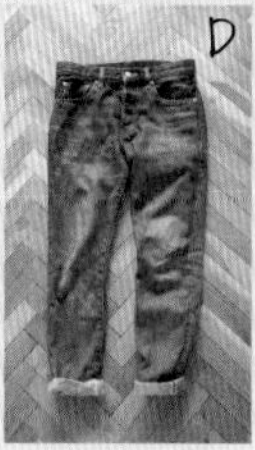

デニム

テーパードパンツ

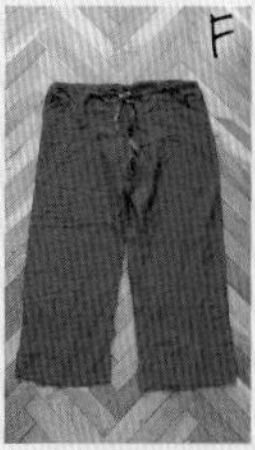

ブルーのシルクのパンツ

ペールグレーのパンツ

レース付きのホワイトパンツ

カーディガン

カットソー

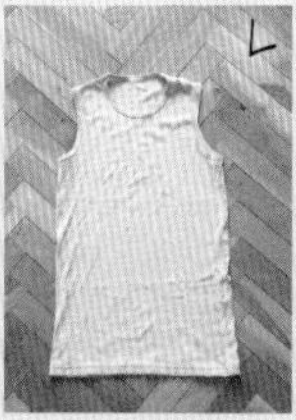

タンクトップ

ワタナベさんの

基本のアイテムで 1 week coordinate コーディネート

ワンピース＋ボトムスの組み合わせが中心のワタナベさん。ストールやカゴバッグをプラスして、こなれたリラックス感を出すのがポイント。

縦長でスタイルUPコーデ

day 1

カシュクールワンピースをロングジレのように着て。全体のシルエットがきれいにまとまる。

A + G + K

+

+

+

リネンのストールを無造作に巻いて、顔周りにポイントをおき、バランスよく。

C + D

+

+

つばに特徴のある麦わら帽子をプラスして、エレガントな大人のリラックス感を出して。

day 2

大人のカジュアルダウン

張りのある素材のワンピースにデニムを合わせてカジュアルダウン。小物もラフ感のあるものを。

E+J+K

+

+

足元はブラックのパンツに合わせて、ブラックのローファーで。スタッズがポイントに。

day 3

カラーでメリハリを作る

トップスはピンクベージュのカーディガンでふんわりと、ボトムスはブラックのパンツでメリハリを。

day 4

爽やかブルースタイル

ネイビーのワンピースにブルーのパンツを合わせたグラデーションコーディネートでセンスよく。

B+F+L

ロングネックレスで上半身にポイントをプラス。足元はシルバーでキラリと個性的に。

day 5

大人のリゾートコーデ

白のパンツにワンピースを合わせてエレガントに。レース付きのパンツで女性らしさアップ。

C + H

小物も主役級にインパクトのあるものをチョイス。同系色を選べば品よくまとまる。

day 6

ホワイトは甘辛ミックスで

I + G
\+
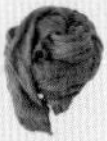
\+

\+

ネイビーのストールが差し色効果に。靴もネイビーにして統一感を出すのがポイント。

ギャザーたっぷりの女性らしいブラウスはパンツと合わせて、甘辛ミックスに着こなす。

day 7

シックカラーでクールに

B + E + K
\+

\+

麦わら帽子は太めのリボンものを選ぶとコーディネート全体を引き締めてくれる。

ワンピースを羽織りとして活用。ブラックのテーパードパンツと合わせてクールな雰囲気にまとめる。

My Interior

グリーンを取り入れて
リラックスできる空間に

料理をするのも食べるのもゆったりと

日差しがたっぷり入る18畳のリビングダイニングは、ウッディな家具とグリーンが、ナチュラルな空間を作り出しています。家具のほとんどは壁際に寄せて置いて、部屋の中心はゆったりとしたスペースが広がっています。「毎日、家には料理の撮影や取材でたくさんの方がいらっしゃるので、広々と過ごしていただけるようにものは外に出さないようにしています。またグリーンが大好きなので、部屋には常に置くようにしています。空間を埋めるというインテリア性もありますが、何よりも癒しの効果があり、料理をするときも食べるときもリラックスした雰囲気になります」。シンプルなナチュラル感を大切にしているそう。

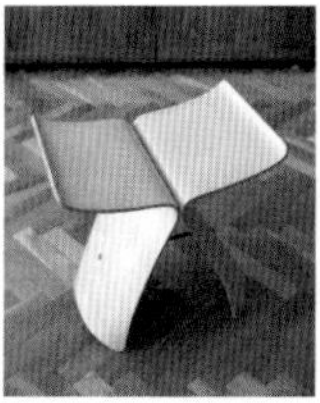

アンティークなローテーブルはリビングルームのアクセント。可愛いスツールや「柳宗理」のバタフライスツールがさりげなく置かれている。

リンゴなど自然な カラーが部屋の 素敵なエッセンスに

「インテリアもキッチングッズもあまりポップカラーは使いません。リンゴなどを置くことで自然な色合いがプラスされて部屋の雰囲気になじみます」

グリーンはいろいろな高さを揃えて立体的に見せる

グリーンを複数置くなら、同じ高さや大きさのものではなく、いろいろなサイズのものを揃えると、空間に奥行きが出て部屋を広く見せる効果が。手作りのリースは壁に掛けてアクセントに。

ソファは床や壁の雰囲気に合わせた色合いを選ぶ

ソファなどは座面のカラーがインテリアのポイントになるので、ウッディな家具の雰囲気に合わせた色味で落ち着いた印象に。

ペンダントタイプの照明でくつろぎの空間に

アンティーク風のシェードが特徴の照明。ペンダントタイプなら、温かな光でくつろげる雰囲気の空間になる。

ワタナベさんの

Interior rule
インテリア作りのルール

- □ グリーンを取り入れて明るい雰囲気に
- □ ものは極力しまうようにする
- □ 色は自然なもので取り入れる
- □ 照明は温かな光のものを使う

My Kitchen

お気に入りのグッズは
ディスプレイしながら
使いやすい位置に

シンプルで使い勝手のよいキッチン

広めのオープンキッチンとさまざまなグッズが並んだ棚が印象的なワタナベさんのダイニング。「料理の撮影もほぼここでやるので、作ったらどんどん出せるようにキッチン台などは広めになっています」とワタナベさん。キッチンツールなどは主に引き出しに収納していますが、よく使う鍋やお気に入りのグッズは並べてディスプレイ収納で。「飾りながら使うという感じで。絵になるものは出していてもいいと思うんです」

冷蔵庫横のシェルフにはワタナベさんが作った梅干しや果樹酒を置いて見せる収納に。ワインクーラーには冷蔵庫に入りきらない野菜を保管。「撮影ともなるとすごい量を買い出しするので、ワインクーラーも使っています（笑）」

ワタナベさんの

mini column

お役立ちキッチン収納アイデア

料理家のワタナベさんのキッチンは、たくさんのキッチングッズや食器があるのに、すっきりと整理整頓されています。シンプルに片付けられるアイデアをご紹介！

キッチンツールはアイテムごとに分けて収納

菜箸、計量スプーンなど用途別に収納すると、使うときに便利。「道具をいろいろ使う人は立てて収納すると取り出しやすいです」

カトラリーは種類ごとにゆるく分類しておく

カトラリーはステンレス製のものと木や竹のカトラリーに分けて、収納する。「食卓に並べるときにもラクでおすすめです」

豆皿や茶器は種類に分けて木箱にまとめて

迷子になりがちな豆皿はまとめて木箱に保管。お客様が来たらすぐ使えるよう、茶器もカゴに入れて取り出しやすくしておく。

透明感が美しいガラス器はディスプレイ感覚で収納

ガラス食器やグラスはリビングスペースのシェルフに収納。中が見えるので、選ぶときに手間取らない。リビングのディスプレイにもなる。

仕事柄、大量にある食器はオーダーして作ったキャビネットに収納。どこに何があるか把握しやすいように一番右は和食器と決めている。中央はよく使うもの、左は弁当箱やカトラリー専用で、引き出しも設置し収納している。

My Life

料理も掃除も毎日小さなことの積み重ねが大切

毎日のルーティンこそ愛情を持ってやる

家で仕事をしているので、朝と晩に家事を集中して行っているワタナベさん。その中でも毎日行っているのは床拭き。毎日来客があるので床掃除は欠かせないとか。「完璧じゃなくてもいいと思うんです。それよりも毎日こまめにやることで、汚れやすい箇所がわかったりなど新しい発見があります」。料理も同様で楽しく作るには、出汁をとって常備しておく、野菜を切って冷蔵庫に保存しておくなどという、小さなことの積み重ねが大切なことのようです。

使う頻度が高いものは前のほうに置いているので、取り出しやすい。棚の上にはあまりものを置かないようにして、すっきりと。

仕事と家事を同じ場所でするからこそメリハリを

撮影したりレシピを考えたりするのは、ほとんど自宅。仕事はお子さんが帰宅する夕方4時くらいまでに終えて、家族との時間も大切にしている。

おもてなしにはお気に入りの食器を

お客様の多いワタナベさん宅は、おもてなし用の食器も充実。アンティークな皿や北欧のドリンクセットなど、器も相手が笑顔になるものでおもてなし。

大切なカトラリーは手作りのケースに

旅先で見つけたヴィンテージのシルバーのカトラリーは、他の素材と一緒にすると黒ずみやすくなるので、手作りの麻のケースに。

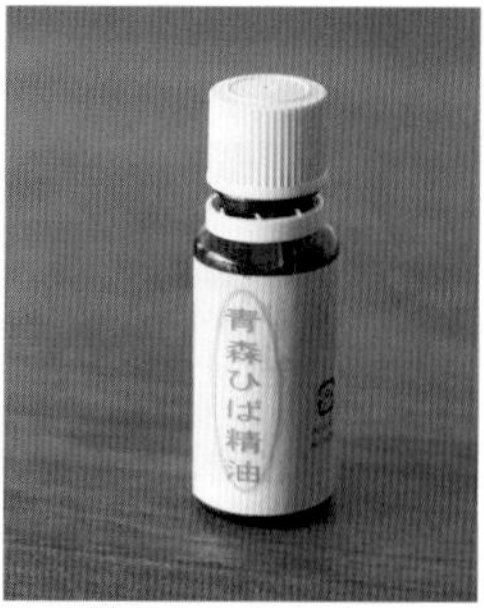

朝と晩の床拭きですっきり気持ちよく

人の出入りが多いワタナベさん宅では、使い古したシーツを活用しての床拭きが毎日のルーティンに。ひば精油などを付ければリフレッシュ効果も。

ヴィンテージ雑貨ウェブショップ運営
浅田ちひろさん

File 3

お店のディスプレイのように
アイテム別、カラー別に
整頓されたクローゼット

浅田ちひろさん

日常がスペシャルになるヴィンテージ雑貨やインテリアを取り扱うネットショップ「SARTORIA LIFE（サルトリアライフ）」を運営。

間取り▶マンション、3LDK
家族構成▶ご主人、お子さんの3人暮らしとネコ1匹

浅田さんの

Closet rule
クローゼット作りのルール

- □ 着替えがハッピーでテンションがあがるように見える部分はディスプレイ収納
- □ アイテムごとに並べて収納する
- □ カラーはグラデーションで並べる
- □ 畳み方は統一してきれいに見せる
- □ 衣類はすべて自分側に見せて並べる
- □ 取り出しやすさを優先する
- □ 服の購入は年間の予算を決めて、洋服家計簿で管理する

毎日がハッピーになる自慢のクローゼット部屋

　浅田さんもご主人も共にアパレル関係のお仕事出身で、洋服が大好き。たくさんある洋服を収納するために6畳1室を丸ごと、ふたりのクローゼットルームにしています。クローゼットのテーマはご主人の好きな「インダストリアルテイスト」。業務用のスチールラックを置き、床は剥き出しのコンクリートにクリア塗装を施すなどクールな雰囲気にまとまっています。「着替えって1日のはじまりにするルーティンですから、ハッピーな気分にしたいなあと思って。好きなテイストのクローゼットだとテンションがあがるんですよね」。ラックの中もディスプレイ風に収納して取り出しやすさとおしゃれ感を両立しています。

スチールラックにはアイテムごとに整理して畳んで収納する。カラーはグラデーションに並べておくと選ぶときにラク。

アクセサリー類はリビングのチェストの上にまとめて、取り出しやすいようにしている。

取り出しやすく、片付けやすくするために、各段は高く積み上げすぎず、3割以上は余裕を残しておく。

My closet 1

見た目にも美しい
ラック収納

ラックは縦横のラインを揃えて畳んで整理

美しく整頓されたスチールラックは、まるでお店にいるような感覚に。1段目は帽子とバッグ、2段目はトップス……とアイテムごとに分けて、色もグラデーションで整理されています。またアイテムを並べたときにラック全体の縦のラインが揃うように、1段あたり5つのパートに分けて並べています。「主人がショップで働いていたときに学んだディスプレイを実践。デニムは薄い色からグラデーションに並べる、パンツは3つ折りにしてポケット側を上にして畳むなど、並べ方で見た目も美しくなりますし、洋服がたくさんあっても着たいものがすぐわかるんです」

業務用のラック。工業っぽいシャープなテイストはご主人のお気に入り。

1段目

重ねてOKの麦わら帽子を中心に帽子を収納。バッグは立て並べて、型崩れを防ぐ。

2段目

カットソーやスウェットなどを畳んで整理。カットソーはネックのデザインによって分けておくと選びやすい。

Closet 1

広さ▶ 6畳　スチールラック
高さ 180cm×幅 150cm
使う人▶浅田さんとご主人

主に収納するもの▶カットソー、ニット、デニム、パンツ、帽子、バッグなど

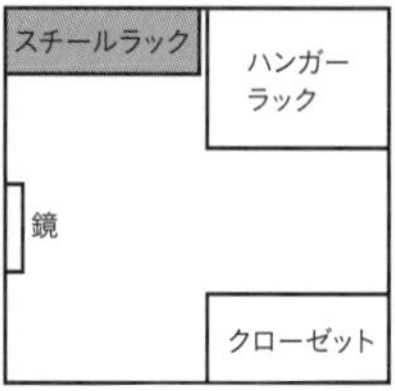

3〜 4段目

デニムやパンツをグラデーションで。パンツは 3つ折りにして、お尻のポケットを上にして重ねるときれい。

浅田さんの

収納 Point

- □ デニム、カラーパンツなどアイテムの種類ごとに収納
- □ グラデーションで並べると見た目がきれい
- □ パンツは 3つ折りでポケット部分を見せる
- □ 縦横の列を整えて収納する

ガス管を使用したハンガーラックは「UDATSU IRON WORKS」でオーダー。メンズライクでクローゼットルームにも合い、丈夫で使いやすい。ふたりでスペースを分けず、カラーごとに整理することでクローゼット全体に統一感を出している。

My closet 2

アウターは素材別→カラー別に分けてハンガーラックで収納

アウター専用のハンガーラックを活用

ロング丈とショート丈に分けて、2つのハンガーラックに収納しています。部屋に合う2段に分かれたショート丈のハンガーラックは、なかなか見つからなかったので、わざわざオーダーしたこだわりのもの。「たくさんのアウターが掛けられるしっかりしたものが欲しかったので業務用のものをオーダーしました。ショートコート、革ジャンなど素材や種類別に分けつつ、カラーも薄いものから濃いものへと並べています。アウターは年中このままなので、スチールラック同様にいつもきれいに整頓するように心掛けています」

Closet 2

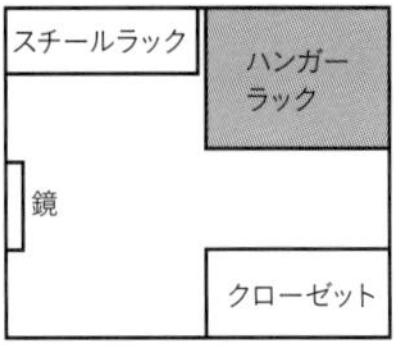

広さ▶6畳　ハンガーラック（大）高さ193㎝×幅120㎝、（小）高さ150㎝×幅120㎝
使う人▶浅田さんとご主人

主に収納するもの▶スプリングコート、ウールコート、革ジャン、ブルゾン、ダウンコートなど

浅田さんの

収納Point

- □ アウターは素材別→カラー別に分ける
- □ カラーはグラデーションで並べる

浅田さんの

mini column

お役立ちクローゼットルーム作りアイデア

浅田さん宅のように一室丸ごとクローゼットにできなくても、
収納アイテムやディスプレイなどでテイストを揃えることで、
着替えが楽しい空間作りができます！

思い出の古いアイテムをさりげなく飾る

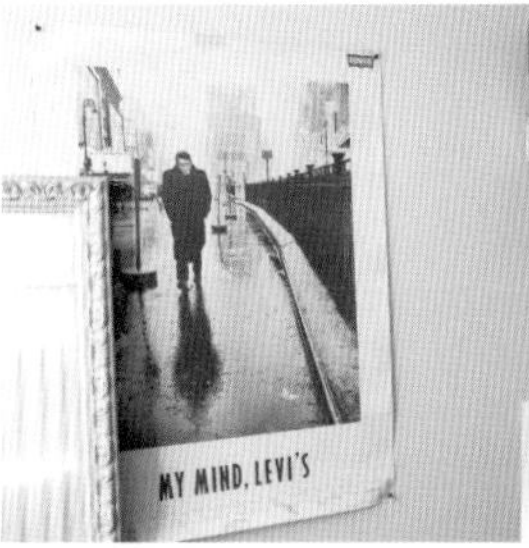

はじめてデニムを買ったときにもらった「Levi's」のポスターや昔使っていたトゥシューズなど古いものを飾っている。クールな雰囲気ともマッチ。

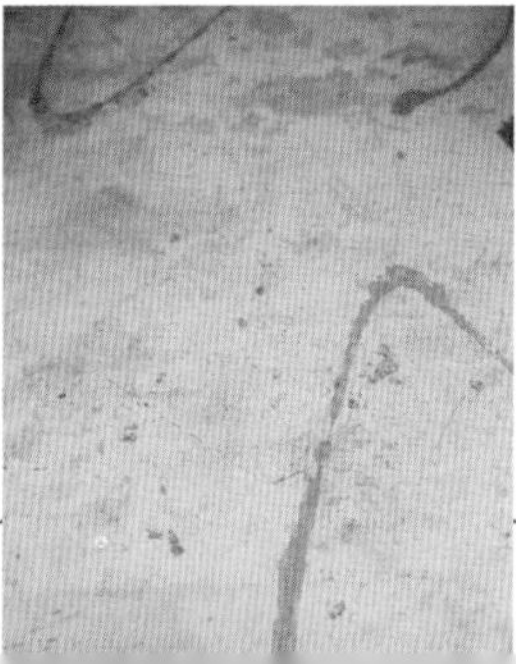

床はクリア塗装で工業的なテイストにする

「床は部屋の面積を多く占め、テイストを左右するのでこだわりました」。クリア塗装して工業的なテイストを出している。

収納アイテムは
テイストを揃える

クローゼット全体のテーマを決めたら雰囲気に合わせた収納アイテムを揃えるのがポイント。洋服を引き立ててくれるシンプルなものがベスト。

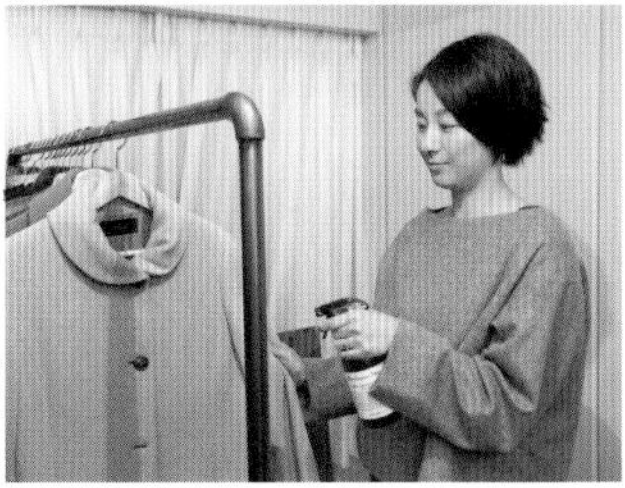

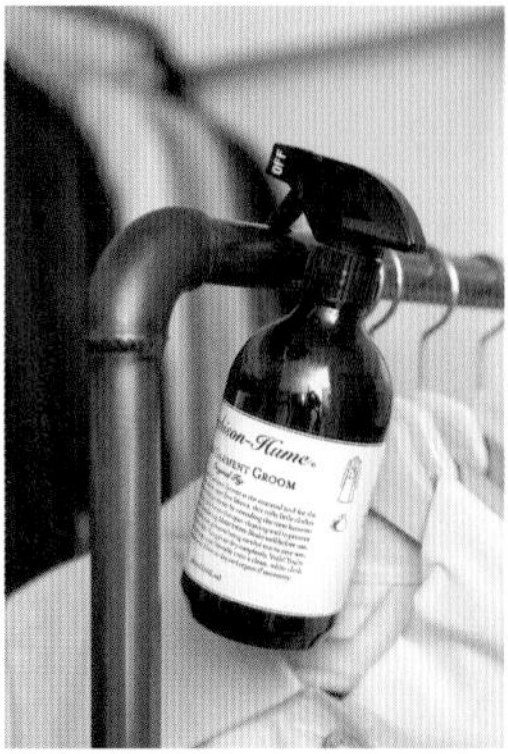

お手入れ用品も
パッケージが素敵なものを

すぐにクリーニングできないアウターは衣類用のスプレーでお手入れ。「マーチソンヒューム」の天然素材の衣類用スプレーを愛用。

My closet 3

収納ケースを利用して
コンパクトに収納する

収納ケースは用途で使い分けるようにする

クローゼットルームにもともと備え付けられていた2つのクローゼット。浅田さんはご主人と1つずつ使っています。主にシャツ、ワンピースをハンガーで収納して、ニットは「無印良品」の収納ケースで整理。「収納ケースは上に掛けている洋服の裾がかからないように高さを調整しておきます。私のほうが長い丈のアイテムが多いので、重ねる収納ケースは少なくして、その分少し深めのサイズを選んでいます」。また、ハンガーの色はご主人と自分で分けて使っています。1つのクローゼットでハンガーを統一することで、開けたときすっきり見えるようにしているのだとか。

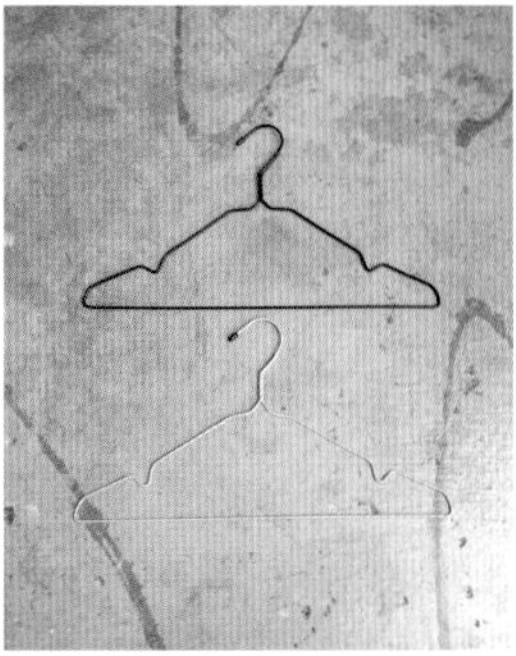

100円ショップで購入したワイヤーハンガー。ご主人はシルバー、浅田さんはブラックを使ってクローゼット内に統一感を。

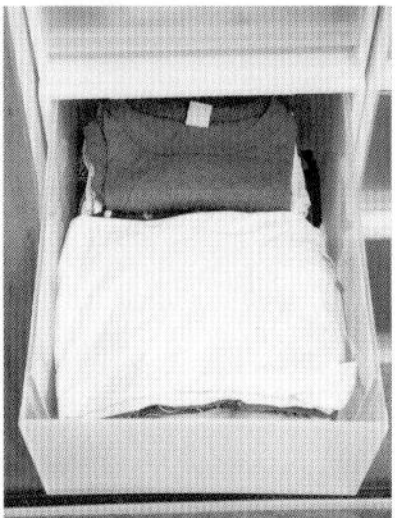

ご主人が使っているクローゼット。シャツは白からのグラデーションになるように並べて掛けている。「無印良品」の収納ケースには長袖や半袖のＴシャツを畳んで収納。

Closet 3

広さ▶6畳　備え付けのクローゼット 高さ245㎝×幅80㎝×2つ
使う人▶浅田さんとご主人

主に収納するもの▶シャツ、ブラウス、ワンピース 、ニット、Tシャツなど

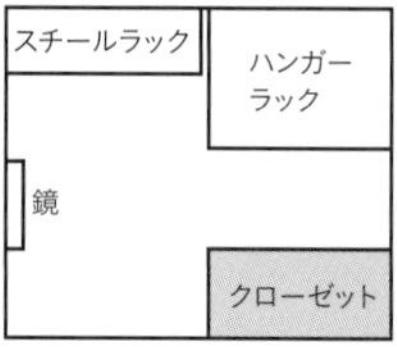

浅田さんが使っているクローゼット。黒のハンガーでシックな雰囲気に。収納ケースには詰め込みすぎないようにして、薄手のアイテムをグラデーションに並べて整理している。

浅田さんの

収納 Point

- □ ご主人と自分のハンガーの色を分ける
- □ 収納ケースは掛けている服の長さに合わせて高さや個数を調整する

リビングにあるチェストの引き出しには娘さんの衣類なども収納されている。上にはアクセサリーやアンティーク雑貨がセンスよく並べられている。

My small items

インテリアとなじませて センスよく収納する

小物は雑貨と一緒にディスプレイ風に

アクセサリーや時計などは、リビングのチェストの上にディスプレイしたり、中の引き出しに収納したりしています。「インテリアがヴィンテージテイストなので、アクセサリーもアンティークなジュエリーボックスの中に入れたり、雑貨と一緒に飾ったりとインテリアの一部としてなじませています」と浅田さん。引き出しは仕切りを作ってサングラスや時計を取り出しやすくしたり、リングはケースを開けた状態で収納したり、見やすくなるように。「娘がいるので、自分の支度は手短にすませたいもの。見やすく取り出しやすい収納をしておけば、時短にもなりますね」

ピアスなどはアクセサリー収納ケースに、ネックレスなどはトレイで整理。

使っていない時計は
あえてディスプレイ

使っていない時計はインテリアとして、リビングのチェストの上の雑貨のボウルに入れて、ディスプレイ。レースのクロスを敷いて、アンティークな雰囲気をプラス。

スカーフやベルトは巻いてカゴに収納する

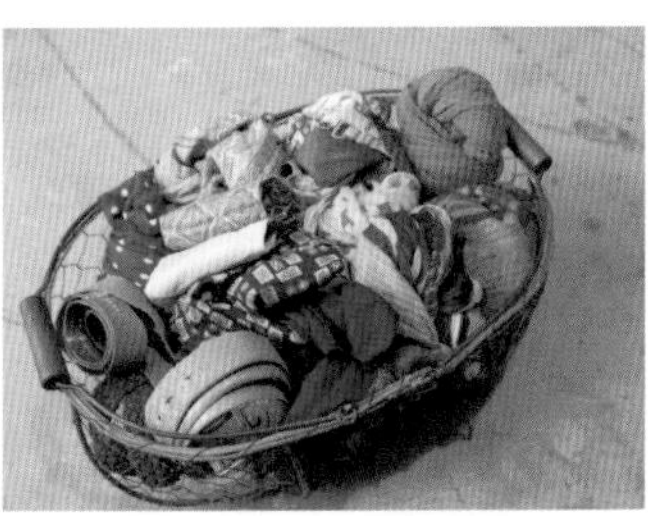

スカーフやベルトはくるくる巻いてカゴに入れ、クローゼットルームのスチールラックに。取っ手付きだと、カゴごと移動しやすいのでコーディネートするときに便利。

シューズクローゼット内は英字新聞とポプリできれいに

家族で使っているシューズクローゼット。汚れや湿気の防止に英字新聞を敷いている。ポプリも置いてセンスよく、におい消しに。

My Wardrobe

洋服家計簿で管理して トレンドを上手に取り入れる

洋服家計簿はアイテム名やブランドなども細かく書き込むようにしている。シーズンの立ち上がりはコレクションなどを参考にトレンドをチェックして家計簿にもメモ。

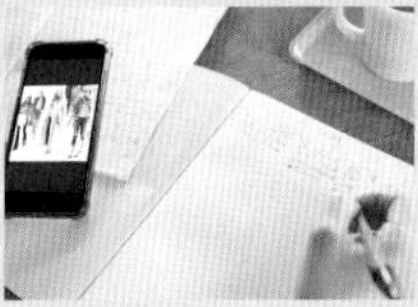

着こなしを考えながら服をリストアップ

「私も夫も洋服が大好きなので、毎シーズン欲しいものはどんどん買っていたんですが、ある日、冷静になって1年間買ったものを書き出してみたらすごい金額になっていて……(笑)。これではいけないとつけはじめたのが洋服家計簿です」。洋服家計簿をつけることで毎年1月に年間の予算を決めて買い物をするようになったので、無駄遣いがなくなったそう。シンプルながらも、自分らしさを取り入れる買い物上手のポイントは、買い物前に雑誌やSNSでシーズンのトレンドをチェックして、買いたいものをリストアップしておき、持っているアイテムと合うかどうかなど、イメージを膨らませておくことだとか。

浅田さんの

Wardrobe data
ワードローブ

シャツ・ブラウス	16点
Tシャツ	40点
キャミ・タンクトップ	10点
カットソー	25点
ニット	40点
カーディガン	24点
パンツ	40点
デニム	8点
スカート	5点
ワンピース	7点
ジャケット	23点
コート	26点
パーカ	5点
帽子	22点
巻き物	15点
ベルト	20点

浅田さんの

基本の1weekアイテム

着回しやすいシンプルベーシックなアイテムがワードローブの中心。
着て行くシーンを考えてセレクトしつつ、
トレンドや古着を取り入れてポイント使いを楽しむのが浅田さん流。

● トップス

色も形もシンプルなものをチョイス。着こなしのポイントになる古着Tシャツなどを選んでコーディネートの幅を広げる。

ボーダーTシャツ

古着Tシャツ

黒のカットソー

ベージュニット

白シャツ

● ワンピース

フェミニンに寄りすぎず、カジュアルにもなりすぎない素材やデザインを。古着なら、独特なデザインでこなれた雰囲気に。

古着花柄
ワンピース

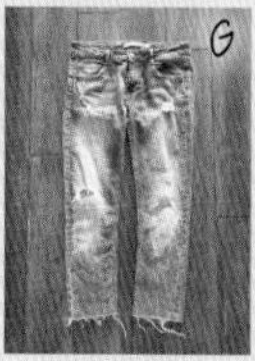

デニム

スキニーパンツ

● ボトムス

ベーシックなアイテムながらも裾がフリンジになったデニムやラインが入ったタイトスカートなど、ちょっと個性が出せるものを。

タイトスカート

ブーツカット
デニム

ジョガーパンツ

● アウター

ベーシックなデニムジャケット、トレンドのレザージャケットなどをセレクトしてどちらも楽しめるようにしている。

レザージャケット

古着ミリタリージャケット

デニムジャケット

浅田さんの

基本のアイテムで 1 week coordinate コーディネート

家で仕事、お子さんのお迎え、ママ友とランチなどのシーン別に、基本のアイテムをコーディネート。シンプルな中にトレンドを入れるのが浅田さんスタイル。

公園にはカジュアルダウン

day 1

娘さんと公園でピクニック。動きやすさ優先でスキニーパンツと古着Tシャツでクールに。

A + F + M

\+

\+

\+

メンズライクになりすぎないように、サングラスや白いコンバースでちょっぴり抜け感を。

day 2

ホームパーティはシンプル

仲よしファミリーとホームパーティはリラックスモードながらも上半身は女性らしいVネックで。

D + G

+

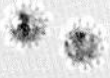

+

+

アクセサリーはパール系やメダイ付きのブレスレットで上品な雰囲気をプラス。

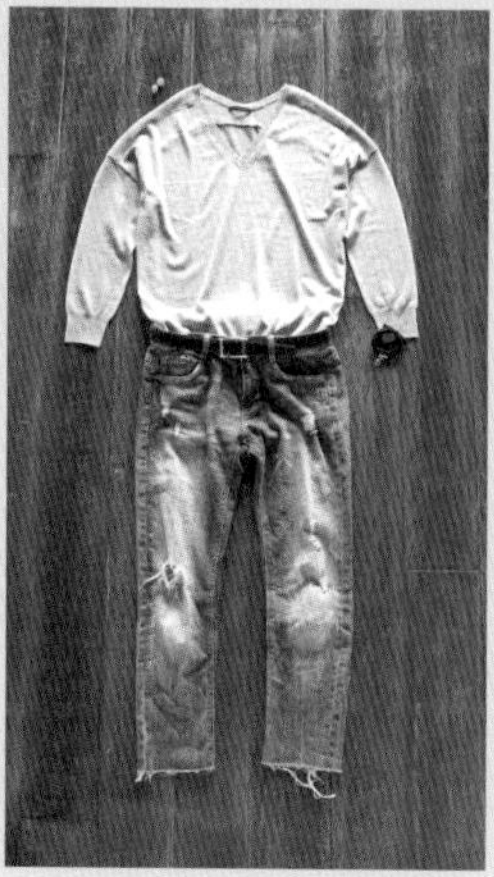

day 3

お出掛けはワンピースで

家族と都心にショッピング。ワンピースにレザージャケットを合わせて甘辛ミックスを完成。

K + N

+

+

+

小物はレザージャケットに合わせてブラウンで統一して、ワンピースを大人っぽく着こなす。

day 4

ブラックコーデでお稽古に

娘さんとスイミングスクールへ。全身ブラックでも女性らしいラインのトップスを選べば柔らかな印象に。

E+F+L

+

+

+

小物もあえてブラックでまとめて。ネックレスのみゴールドにしてアクセントを。

day 5

お気に入りのデニムで仕事

お仕事DAYはフリンジがポイントのデニムと白シャツで。シャツとメガネできちんと感を。

C + I

+

+

+

スカーフをベルトにしたり、お気に入りのメダイ付きブレスレットでテンションアップ。

A + J + N

\+

\+

\+

レザージャケットのゴールドのボタンに合わせてピアスもゴールドにして華やかに。

day 6

ママ友とランチはクールに

ママ友とのカフェランチはトレンドを意識してレザージャケットや古着Tシャツでクールにまとめる。

B + H

\+

\+

\+

柄のターバンをオンして、休日スタイルもトレンドを取り入れて楽しむのがポイント。

day 7

休日は着心地のよさを重視

おうちでまったりする日は、着心地のいいボーダーTシャツとジョガーパンツでリラックス。

My Interior

世界観を統一して選んだ
ヴィンテージ家具がポイント

出合いを大切に一つひとつ選んだ家具

素敵なヴィンテージ家具が並ぶ浅田さん宅のインテリア。「ヴィンテージは一期一会。まとめて購入できないからこそ、一つひとつ気に入ったものを吟味して選んでいます」。選ぶときは年代や国よりも、見た目のテイストがバラバラにならないように気を付けているそう。「ヴィンテージにはいろいろな種類や特徴があるので、買うときは全体的な雰囲気が部屋に合うかどうかを一番に考えて購入しています。また、色は家具でも小物でもブラウン、ゴールド、黒、シルバーを中心に選んで、色で世界観を統一するようにしています」

ヴィンテージ家具がセンスよく並ぶ。一目で気に入ったチャペルで使われていた椅子と名古屋のアンティークショップで購入したデンマーク製のテーブル。

単色使いの絵を飾って
シンプルシックに

ヴィンテージの絵は単色使いのものを選び、部屋全体とのバランスを取る。モロッコ製のランプもシックな色味で他の家具となじんでいる。

あえてセットで揃えず
アイテムの個性を出す

テーブルも椅子もアンティークショップで購入。同じブランドやセット買いにしなくてもテイストを合わせることで、それぞれの個性を引き立て合っている。

素材や質感を大切にインテリアは選ぶ

ソファのクッションはダウンを使用。60〜70年代のデンマーク製。置かれたクッションは都内のキリム専門店で購入してポイントに。

浅田さんの

Interior rule

インテリア作りのルール

- □ ヴィンテージ家具を購入するときは部屋全体を考えて選ぶ
- □ シンプルなデザインを選ぶ
- □ 現代のものでも温もりが感じられるものを購入する
- □ 家具はブラウン、ゴールド、黒、シルバーを中心にして色数を増やさない

チェストにはアンティークショップで購入した雑貨や家族写真がさりげなくディスプレイ。主張しすぎないフレームを飾ることで部屋になじみやすい。

My Interior 2

雑貨をゴールド、黒、シルバーの3色でまとめることでシンプルシックに

カラー使いを統一するのがポイント

ヴィンテージ家具が主役になっている浅田さんの家のリビングスペースには、アンティークな雑貨もたくさん飾られています。雑貨も家具の雰囲気に合わせて、ポップカラーは使わず、ゴールド、黒、シルバーを選ぶことで落ち着いた雰囲気を出すことに成功しています。「雑貨もインテリア同様に世界観を統一することが大切ですね。キャンドル、マリア様の像、英字のペーパーなどチャペルに関連したものを並べるとそこに世界観ができて、自然にまとまります」

こだわりの床は
ユーズド感仕上げに

床はこっくりしたブラウンでわざとユーズド感のある仕上げがされている。これは部屋をリノベーションしたときにオーダーしたもの。

浅田さんの

mini column

子どもの服・おもちゃの収納アイデア

浅田さんには1歳になるお子さんが。どうしても乱雑になりやすい子どもの収納はリビング内に、目隠し収納で整理して、他のインテリアとバランスを取っています。

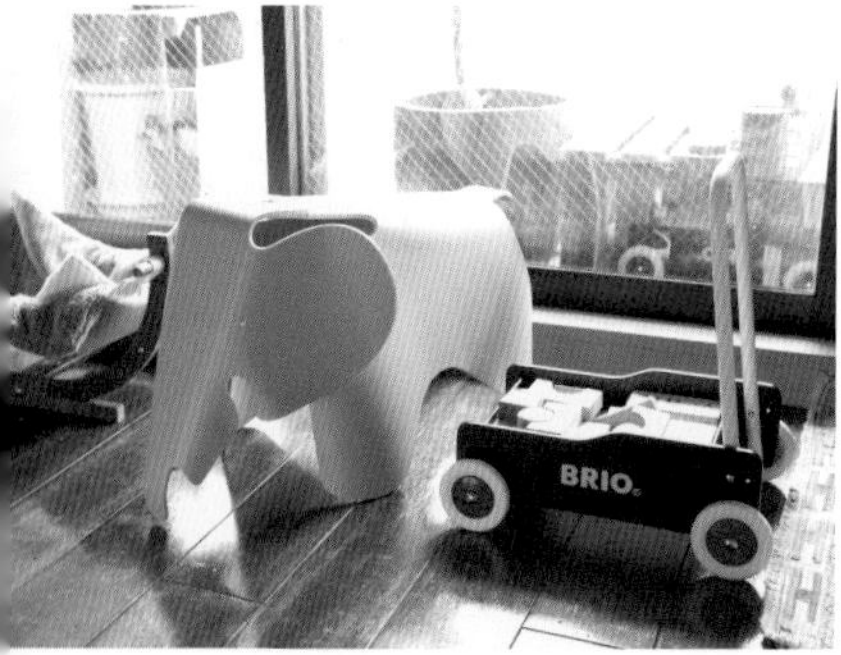

インテリアになじむ子ども用のおしゃれグッズ

「イームズ」のエレファントのスツールや「BRIO」の手押し車は、おしゃれなのでそのままインテリアの一部に。主張しすぎない色を選ぶのがポイント。

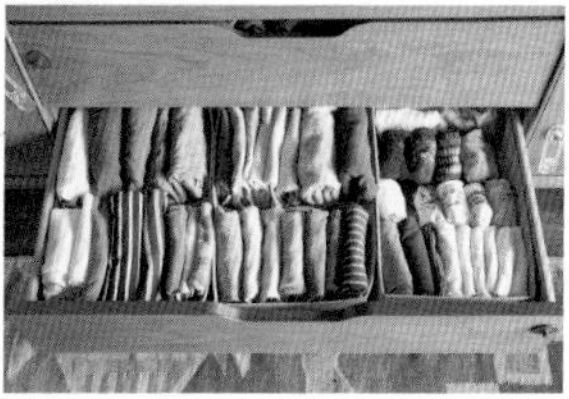

すぐに着替えられるように服はチェストに収納

リビングにあるチェストの2段分が娘さんのクローゼット。引き出しにボックスを入れて仕切りにして、アイテムごとに収納。「リビングに置いておけば汚してもすぐに着替えられるのでラクです」

おもちゃはまとめて「IKEA」のボックスに

散らかりがちなおもちゃは「IKEA」のボックスに入れて、チェストの下に収納すると目立たない。ぬいぐるみはふたを閉めて横のスペースに置くとインテリアとなじみがいい。

リビングの一角、
窓辺のスペースが
浅田さんのワーク
スペース。机はフ
ランス製。

My Life

大好きなヴィンテージ家具や雑貨に囲まれながら、毎日をハッピーに過ごす

自分のペースでウェブショップを運営

浅田さんは現在1歳の娘さんの子育てをしながら、ヴィンテージ雑貨やインテリアを扱うウェブショップ「SARTORIA LIFE（サルトリアライフ）」を運営しています。「SARTORIA」とはイタリア語で仕立て屋さんを意味する言葉でヴィンテージ雑貨を通して日常生活がスペシャルになるお手伝いをしたいという思いが込められています。「今は子どもがまだ小さいので、子育てをしながらできる範囲内でやっています。マイペースですが、もっと気軽にアンティークに親しんでもらえるように、素敵な雑貨やインテリアを買い付けて、みなさんにお届けできるようにがんばりたいですね」

シェルフはオランダ製でお気に入りのインテリア。

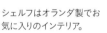

休日はお気に入りの
リビングでゆったり

リラックスタイムは家族 3人でリビングスペースでくつろぐことが多いとか。デンマーク製のヴィンテージソファは 3人で掛けても余裕の大きさ。

家族が笑顔になる
リビングスペースは
好きな家具や雑貨でいっぱい！

家族の思い出の写真は味のあるフレームに入れて、他の雑貨と雰囲気を合わせて飾っている。

キッチンは黒とシルバーで クールな雰囲気にまとめる

キッチンはあえて無機質な感じにするため、調理台はステンレスにしてキッチンツールも黒やシルバーに。使い勝手のいいツールバーも洗練された雰囲気を出している。

おしゃれインテリアインスタグラマー・ブロガーの
クローゼットを拝見

Case 1

収納アイテムの カラーや素材を揃えて すっきり見せる

yukino さん

1LDK に猫と暮らす会社員。シンプルですっきりと見せる収納アイデアについてのブログも好評。

http://www.yukinoroom.com/
https://www.instagram.com/yukino_0304/

家族構成▶ひとり暮らしとネコ１匹

Wardrobe data

デニム	3点	シャツ・ブラウス	12点
スカート	3点	T シャツ	5点
ジャケット	3点	キャミ・タンクトップ	7点
コート	4点	カットソー	8点
巻き物	6点	ニット	6点
ベルト	3点	カーディガン	10点
バッグ	10点	パンツ	15点

Closet data

広さ▶高さ240cm×幅200cm×奥行65cm
使う人▶yukinoさん

カラー使いを統一するのがポイント

収納グッズは「無印良品」と「セリア」のものを使用。モノトーンテイストで揃えているのですっきりしたクローゼットに。ハンガーも同じものを使い、全体的に統一感を出しています。「年2回の衣替えを中心に定期的に収納の見直しを行い、クローゼットに入る適量を見極めてものを増やさないようにするのもポイントです」

ハンガーラックはロング丈とショート丈を分けて収納。身頃をすべて同じ方向にして掛けて出し入れしやすくしている。

ニットやボトムス、ストール類などは収納ケースの中にさらに仕切りを作って整理。畳んだ服を立てて収納。

上の棚には「セリア」で購入したボックスにシーズンオフ用の洋服カバーを保管。中身がわかるように貼られたラベルテープもおしゃれ。

yukino
さんの

クローゼット作りのルール

- □ 収納アイテムの色や素材を統一する
- □ 収納ケース内に仕切りを作ってより取り出しやすくする
- □ クローゼットに入る適量を見極め、ものを増やさないようにする
- □「無印良品」や「セリア」のケースを DIY して自分色にする

yukino
さんの

マネしたくなる！収納アイデア

ひとり暮らし用のマンションの限られたクローゼットのスペースの中、
収納ケースなどを上手に使って、すっきりと見せるテクニックをご紹介。
コンパクトに収納することがポイント！

収納ケースにはラベルを
貼って中身がわかるように

「無印良品」の収納ケースはわざと中身が見えないようにプレートを入れているので、ラベルを貼ることでどこに何があるか一目瞭然にしている。ラベルもモノトーンで統一。

**仕切りケースを使って
収納力アップ！**

「無印良品」の収納ケースに不織布仕切りケースを入れて使用。仕切りがあることで、衣服を畳んで入れてもきれいにまとまり、収納力がアップする。

アイテムごとに収納して取り出しやすくする

薄手のカットソーや靴下などは引き出しの収納ケースにしまわず、取り出しやすくケースに畳んで立てておくと、着替えのときもラクに。

1

2

畳み方▶ 1. シワにならないようにきれいに広げる。2. 身頃を半分に畳み、袖は重ねて、手前に折る。3. 袖にシワが寄らないようにさらに縦半分に畳む。4. 半分の長さに折る。5. さらに半分に折って収納。

3

4

5

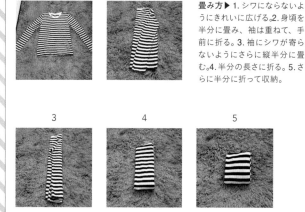

普段使いする靴は
ラックで見せる収納を

「ナチュラルキッチン」で購入した3段ラックを玄関に置いて、見せる収納に。3段もあるので玄関が広くなくても収納力があり、コンパクトな印象に。

ハンカチなどの
お出掛けセットはまとめる

ハンカチやマスクなど、出掛けるときに必要な小物は浅めの収納ケースに。クローゼットを開けた手前のほうに配して、いつでも取り出せるように。

アクセサリーはプチ DIY で

アクセサリーは「セリア」の壁掛けができるファブリックボードにピンを留めて、掛けるだけ。シンプルだけど、おしゃれなネックレス掛けになる。

通勤用などのバッグは取り出しやすい位置に

「3COINS」で購入したソフトケースに使用頻度の高いバッグを収納。収納ケースの上の取り出しやすい位置に置く。床には置かずに、クローゼット内にしまうようにする。

お手入れ用品もすぐ使えるようにまとめる

猫を飼っているyukinoさんは洋服のお手入れはかかせないとか。衣類用のスプレーなどは「無印良品」のソフトケースに入れてクローゼットの中に管理。

おしゃれインテリアインスタグラマー・ブロガーの クローゼットを拝見　Case 2

使いやすいように DIYをプラスした クローゼット

Wardrobe data（ふたり分）

シャツ・ブラウス	7点
Tシャツ	10点
キャミ・タンクトップ	6点
カットソー	6点
ニット	10点
カーディガン	5点
パンツ	10点
デニム	6点
スカート	2点
ジャケット	2点
コート	6点
パーカ	3点
帽子	5点
巻き物	5点
ベルト	3点
バッグ	10点

ami さん

モダンでシンプルなお部屋作りや収納方法を提案するブログやインスタグラムが大人気。

http://ameblo.jp/ami-interior/
https://www.instagram.com/interior_ami/

家族構成▶ご主人とふたり暮らし

Closet data

広さ▶洋室 0.75畳、
階段下 0.5畳
使う人▶amiさんとご主人

2つのクローゼットで効率よく収納する

amiさん宅は2階にウォークインクローゼットがあるのですが、着替えを1階でするため1階の洋室と階段下のクローゼットに使用頻度の高いものを収納し、年2回の衣替えのときに入れ替えているそう。洋室にはアイテムを取り出しやすいようにDIYでワイヤーラックを設置。階段下にはシャツや帽子などを主に収納しています。

階段下にある0.5畳のクローゼット。ハンガーラックにシャツやアウターなどを掛けて、フロントオープン式の収納ボックスを設置。

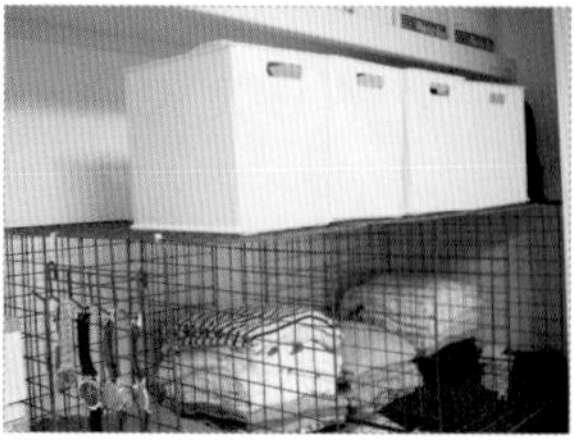

1階の洋室のクローゼットは、収納ボックスとDIYしたワイヤーラックを主役に。カラーはモノトーンでまとめている。

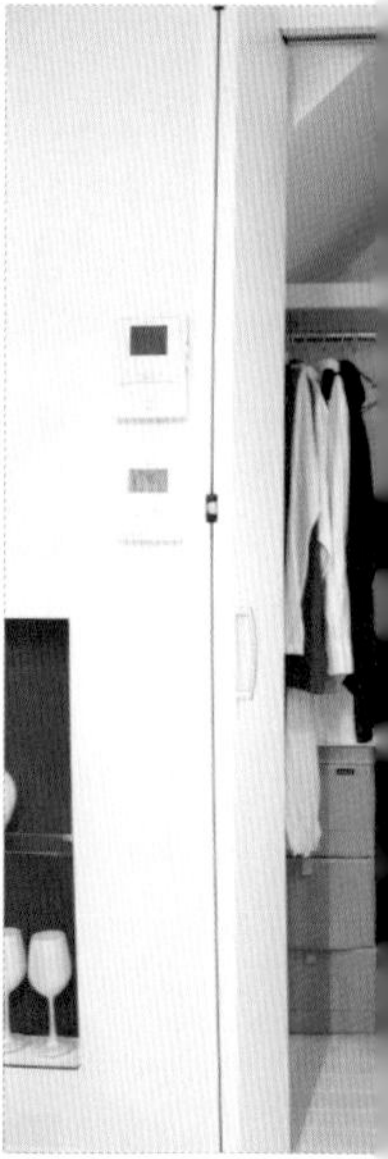

amiさんの

クローゼット作りのルール

- □ 2つのクローゼットの役割を明確にする
- □ 収納ボックスやケースはモノトーンで統一する
- □ DIYをプラスして使いやすいようにアレンジ
- □ 年2回の衣替えのときに洋服を整理する

amiさんの

マネしたくなる！収納アイデア

スタイリッシュなクローゼットが特徴のamiさん宅ですが、DIYされたものも多く、マネしたくなるアイデアがいっぱい！使いやすくておしゃれに見えるテクを紹介。

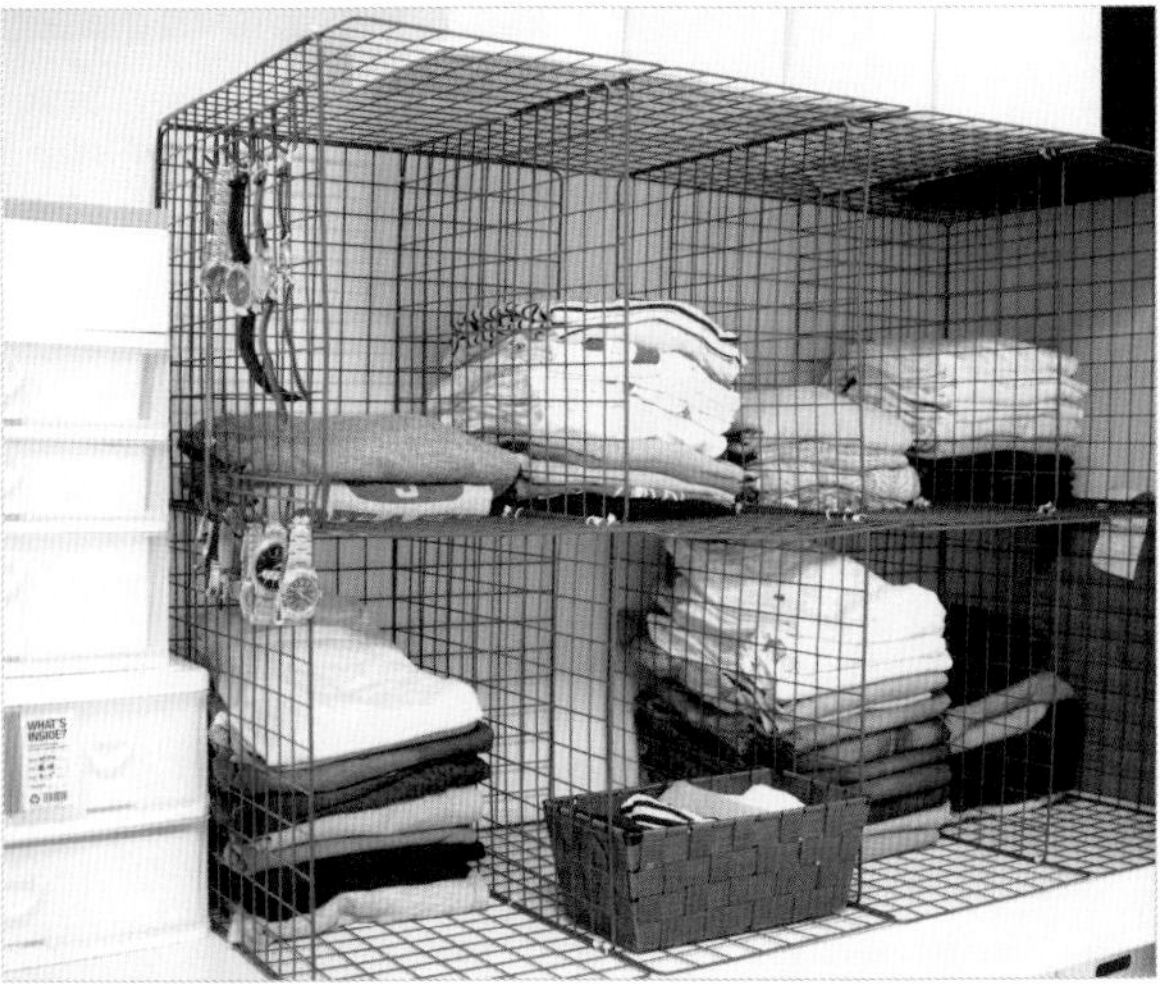

取り出しやすいDIYしたワイヤーラック

クローゼット内のラックは100円ショップで購入したワイヤーネットと結束バンドで手作りしたもの。2段にすることで収納力もアップ。中身もわかりやすい。

ワイヤーに掛けて
スタイリッシュに収納

時計はDIYしたワイヤーラックにフックを取り付けて掛けることで、おしゃれな収納方法に。置き場所が決まっているので迷子にならず、選びやすい。

使う頻度の少ないバッグや
帽子はファイルボックスに

ワイヤーラックの上にファイルボックスを設置し、使用頻度の少ないバッグや帽子を収納。軽くて丈夫なうえ、中に入れたものも型崩れしないのでおすすめ。

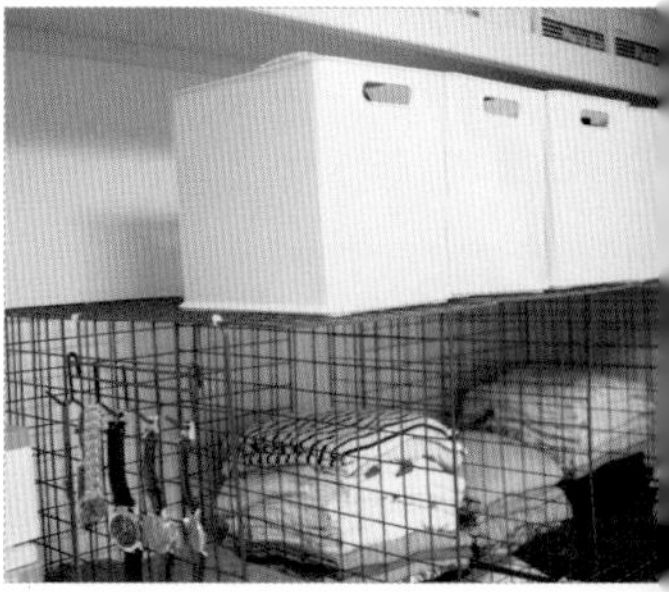

玄関収納のスペースを利用して靴の収納棚を設置

限られた玄関収納もご主人にDIYしてもらい、棚を設置。よく履く靴は低めの棚に、あまり履かない靴は高めの棚に収納。収納力をあげるために100円ショップの靴収納ラックも使用。

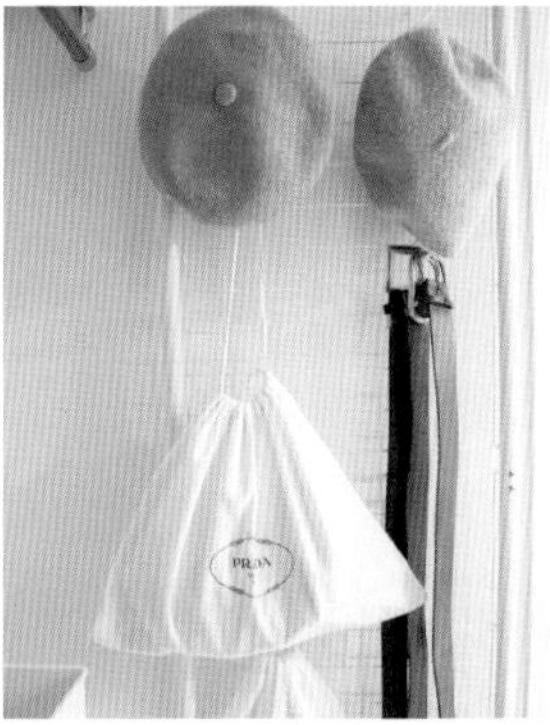

細かいものは袋にまとめて掛けておく

ネクタイのような細かいものはブランド物を買った際に付いている袋に入れ、ワイヤーに掛けておくだけでOK。ネクタイがずり落ちてしまう心配がない。

パーティションを取り付けて帽子の収納に

階段下クローゼットに突っ張り式のワイヤーパーティションをDIY。ベルトを吊るしたり、型崩れしてほしくない帽子などを引っ掛けて収納。

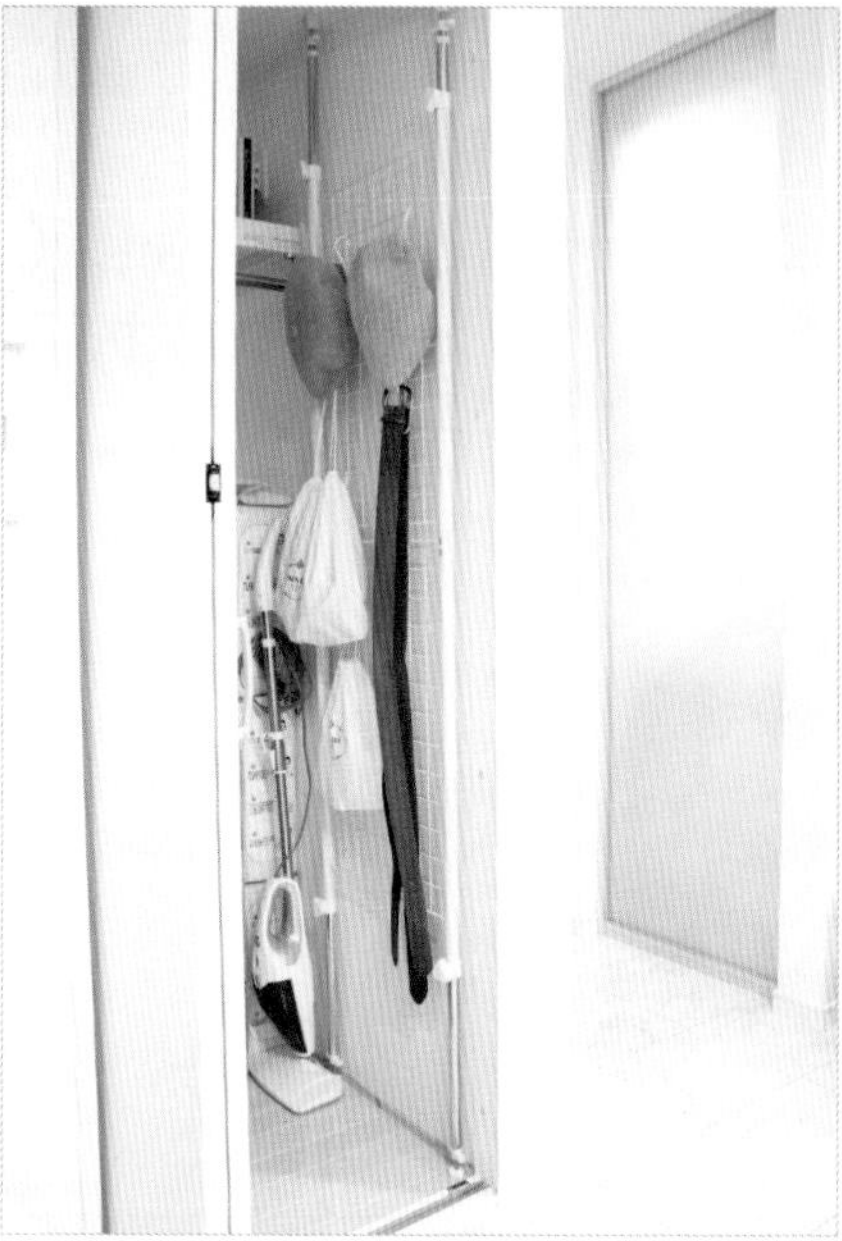

フロントオープン式でさっと取り出せる

楽天で購入した「ルーモナイズ」のフロントオープンボックス。前が開くので取り出しやすくて便利。ストールなどを丸めて収納できる。

おしゃれインテリアインスタグラマー・ブロガーの
クローゼットを拝見

Case 3

カラーごとに収納して
ゆとりのある
クローゼットに

akane さん

マイホーム購入をきっかけに収納に興味が湧く。白を基調とした清潔感あふれる家作りの記事が人気。

https://www.instagram.com/akane.920/

家族構成▶ご主人、お子さん 3人の5人暮らし

Wardrobe data

巻き物	3点	デニム	3点	シャツ・ブラウス	10点
ベルト	3点	スカート	8点	キャミ・タンクトップ	5点
バッグ	5点	ジャケット	1点	カットソー	5点
ご主人分	72点	コート	6点	ニット	4点
		パーカ	1点	カーディガン	2点
		帽子	10点	パンツ	4点

Closet data

広さ▶3畳（ウォークインクローゼット）
使う人▶akaneさんとご主人

よく使うものは
手の届く高さに置く

「洋服が大好きで量が多いため、クローゼットの中が雑然と見えないようにハンガーを統一したり、カラーごとに並べたりするようにしています」とａｋａｎｅさん。家を建てるときにウォークインクローゼット内のハンガーポールの位置を高めにしてデッドスペースを有効に活用できるように設計。出し入れしやすい工夫がされています。

ラックは「コストコ」で購入したハンガーで統一。滑りにくく使いやすい。クローゼットの壁にはフックを取り付けて帽子をディスプレイ。

ハンガーポールの高さは普通170〜180cmのところ190cmに。上の棚はシーズンオフのものなので、手が届かない高さでもOK。

ご主人の専用のパンツハンガーは楽天で購入。高さは変えられないが、長さがあるものでも床につかず、収納できる。

akane
さんの

クローゼット作りのルール

- □ ハンガーは揃えて統一感を出す
- □ よく使うものは手の届く位置に置く
- □ 使わないものは目隠し収納で上の棚へ
- □ キャスターや蓋付き収納でホコリ対策をする

akane
さんの

マネしたくなる！収納アイデア

洋服はたくさんあるのに、きちんと整理されているakaneさん宅のクローゼットは、シンプルながらも機能性のある収納アイテムを使いこなすテクニックが満載。

**掃除がラクラクできる
キャスター付きの収納**

クローゼットが寝室にあるのでホコリが溜まりやすいため、備え付けのアイテム以外はすべてキャスター付き。動かせるから隅の掃除もしやすい。

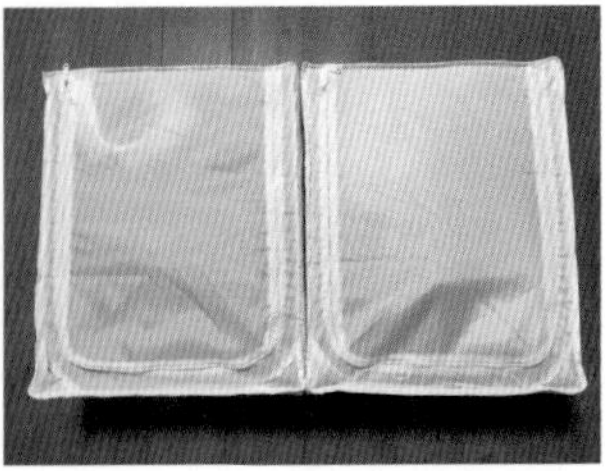

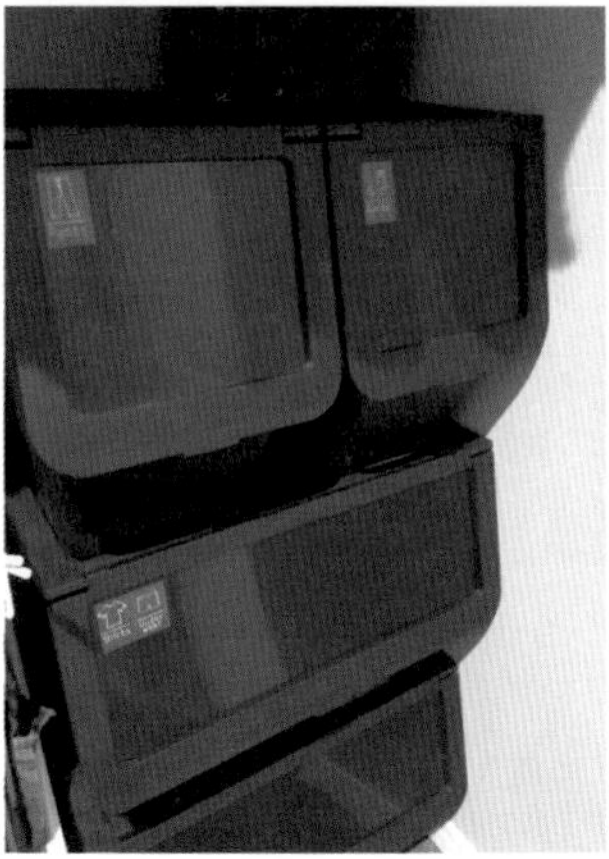

ステッカーを貼って
楽しくアイテム収納を

「IKEA」の収納ケースはフロントオープン式で出し入れしやすい。中身が見えないので「キャンドゥ」の可愛いインデックスステッカーを貼って整理。

シーズンオフのものは
カラー別に保管する

シーズンオフのものやあまり着ないものは「IKEA」の SKUBB 収納ケースにカラー別に保管して上の棚へ。カラー別にしておくと衣替えもラクに。

帽子はショップのように
ディスプレイ収納

「IKEA」で購入したフックを壁に取り付けて、帽子をディスプレイ。やや高い位置に設置することで空間が映えて、スタイリッシュに。

「ニトリ」のミニハンガーで
子どもの服はキュートに

「娘はこだわりが強いので選びやすいようにハンガーに。息子たちは別の引き出しにトップスとボトムスを分けて収納しています」

ホコリ防止のため
蓋付きの収納ボックスを

お出掛け用のバッグは「ニトリ」のインボックスに収納。上の棚に収納するのでホコリが入らないように蓋付きでカバー。

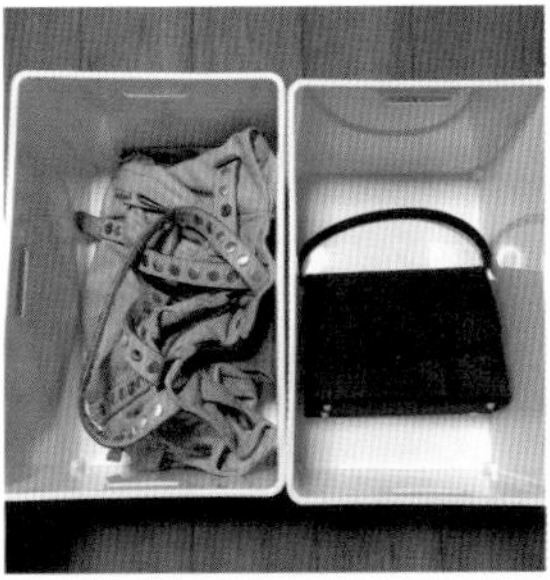

5人分の靴は 2つのシューズクローゼットに

「靴が多いと玄関が散らかるのでシューズクローゼットに入らない量は持たないようにしています」。しばらく履かない靴は箱に入れて管理。

出番が多いバッグや帽子は取り出しやすい位置に

よく使う帽子やバッグは「IKEA」のSKUBB 収納 6コンパートメントをハンガーポールに掛けて収納。分類もできて場所も取らない。

シューズデザイナー　JUCO.さん

File 4

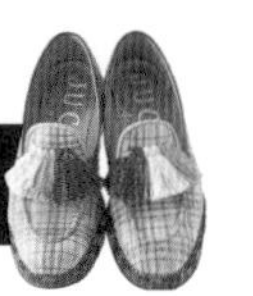

ハンガーラックをプラスして
小さなクローゼットの
収納力をアップ

JUCO.（ジュコ）さん

「履くと特別な気持ちになる靴」をテーマに活動する靴作家。2006年にシューズブランド「JUCO.」を立ち上げる。半年に一度の展示会を中心に活動。

間取り▶マンション、2LDK
家族構成▶ひとり暮らし（アトリエ兼）

JUCO.
さんの

Closet rule
クローゼット作りのルール

- □ 収納が少ない部屋だからこそ収納アイテムにはこだわる
- □ 収納チェストなどの大きな家具には自分が好きなものを置く
- □ 洋服はハンガーラック以外は見せない収納
- □ 開けたときに自分のテンションがあがる引き出し作り
- □ 衣替えはしないので、年中使えるアイテムのみで構成する
- □ 小物や靴はディスプレイ風に収納する
- □ ワードローブは靴との相性を考えて選ぶ

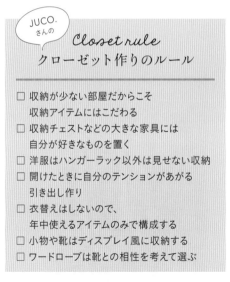

限られたスペースでコンパクト収納を

「少しレトロな作りのマンションなので、もともとあまり収納スペースはなかったんです」とＪＵＣＯ．さん。備え付けのクローゼットは幅80cmで2段に分かれたタイプのみだったため、ハンガーラックをプラスしてロング丈のアイテムを掛けておける収納スペースを確保。他のアイテムは2つのチェストにしまって、コンパクトな収納を心掛けているそう。「収納スペースは限られているので、新しい服を買ったら、友人に譲ったりフリーマーケットに出すなどして、必ず入れ替えていますね。また、ハンガーラックの服以外は見えないようにチェストやクローゼットに収めるようにしています」

ロング丈のコートやワンピースなどはハンガーラックに収納。

足元のおしゃれを追求しているJUCO．さん。自身のブランドに合う靴下も、お気に入りのブランドとコラボして販売している。

玄関にはガーデン用のラックを置いてシューズクローゼットに。自身のブランドの靴が並ぶ。

カラフルな色合いが多い
JUCO.さんのワードローブ。

My closet 1

小さなクローゼットには トップスとパンツを中心に収納

詰め込みすぎず選びやすさを重視

2段に分かれたクローゼットの上段はシワになりやすいシャツやトップス、薄手のアウターやパンツを掛けています。収納方法はカラー別などにはなっていませんが、トップスとパンツは分けて収納して、コーディネートをしやすくしています。パンツはお気に入りのブランドとその他のデニムやパンツなど、種類によって並べて管理。「ぎゅうぎゅうにしないで、スペースの9割くらいに収めています」。下段は収納ケースにストール、帽子などを収納。収納ケースの隣にはベッドカバーやバスマットが畳んで重ねられています。

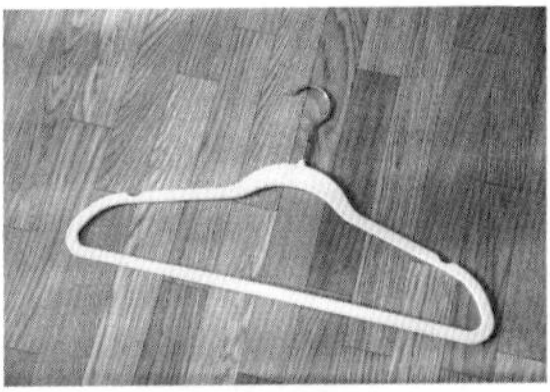

トップスのハンガーはネットで購入した「滑らないハンガー」で揃えている。スカートは「IKEA」のハンガーで、どちらも薄くて便利。

上段にはトップスやパンツを収納。ファーが付いているアイテム以外は通年で使っているレギュラーアイテム。取り出しやすく、詰め込みすぎないようにする。

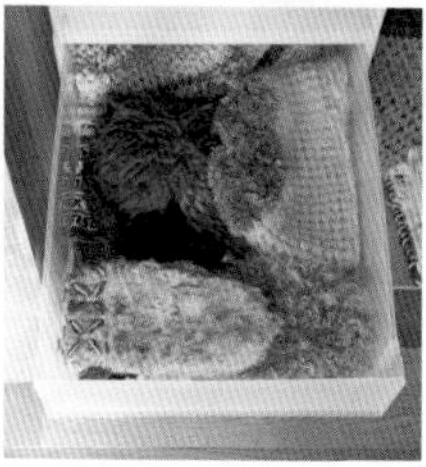

Closet 1

広さ▶高さ 180cm × 幅 80cm
使う人▶ JUCO. さん

主に収納するもの▶ファーベスト、パーカ、プルオーバー、パンツ、デニム、スカート、バッグ、ニット帽、手袋、ストール、ベッドカバー、バスマットなど

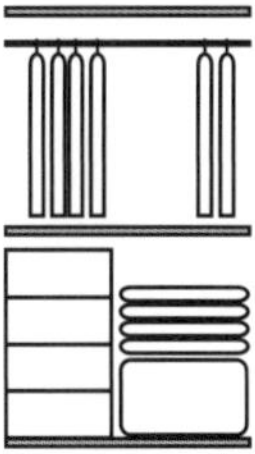

下段は収納ケースが活躍。ストールは巻いたりせずに 4つ折りくらいでふわっと畳んで、収納。開けたとき柄がよく見えてテンションがあがるようにしている。よく使うバスマットはケースに入れずに手前に置く。

JUCO. さんの

収納 Point

- □ 開けたときにテンションがあがることを大切にする
- □ お気に入りのものは分けて収納
- □ パンツはハンガーに畳んで掛けて収納する
- □ ハンガーは薄いものでかさばらないようにする

（上）「IKEA」で購入したハンガーラック。薄手の服のハンガーはクローゼットと同じく「滑らないハンガー」を使用。（右）ラックは部屋の大きさにも合って気に入っている。コーディネートも考えやすい。

My closet 2

コートや長いアイテムは
ハンガーラックで素材ごとに収納

素材の重さ別にアイテムを掛ける

自身がデザインする靴のように、JUCO.さんが持っている洋服もデザインやディテールに凝ったものが多く、眺めているだけで楽しい気持ちになります。ハンガーラックにはカラフルで色合いが美しいコートやワンピース、ニットが並んでいます。「ラックの左のほうに重みのあるコート類、右にいくにつれてレーヨンやシルクなど軽い素材のアイテムへと並べるようにして整理しています」

Closet 2

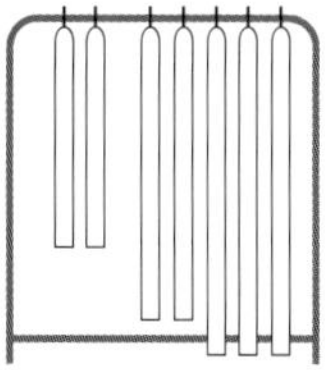

広さ▶高さ150cm×幅100cm
使う人▶JUCO.さん

主に収納するもの▶コート、ニットコート、ワンピース、サロペットなど

JUCO.さんの

収納Point

- □ 重いものから軽いものに素材ごとに収納する
- □ ラックに掛けすぎないよう、シーズンごとに整理

mini column

JUCO.さんの

お役立ち収納アイデア

収納スペースが少ないJUCO.さん宅ですが、
ハンガーラックや収納方法を工夫してすっきりと見せています。
おすすめの収納グッズやアイデアをご紹介します！

柄のスカーフを掛けて ホコリなどからカバー

ハンガーラックを置くとホコリが気になるので、大判のスカーフでカバー。「部屋のインテリアに合わせた色や柄なら雰囲気を損なうことがありません」

ネックデザインを 見せて収納する

「同じような色を買ってしまいがちなTシャツやインナーはネックデザインが見えるように収納すると選びやすいです」

見た目に温かみのある
アンティーク調の木製ハンガー

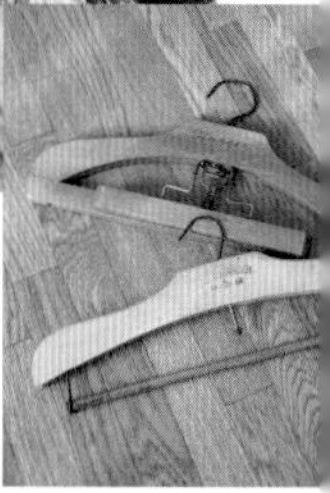

コート類など重い素材はしっかりホールドしてくれる木製ハンガーを。見えてもおしゃれなアンティーク調のもので温かな雰囲気にする。

バッグはS字フックに掛けて
使いやすくする

ハンガーラック横のシューズラックに大きめのＳ字フックを付けて、バッグを掛けて収納。無造作にならないように表面を見せて飾るようにして。

藤のチェストに合わせて藤のバスケットも配置。中にはメガネケースや小物を入れている。

My closet 3

畳めるアイテムは お気に入りのチェストに収納

アイテムごとに収納シーズンごとに入れ替え

　ＪＵＣＯ.さんの部屋にはチェストが2つ。インナーやＴシャツなど、畳んでＯＫのアイテムが収納されている藤のチェストは、ＪＵＣＯ.さんが実家にいた頃から大切に使っていたもの。もう1つのペイズリー柄のチェストはお祖父さんの家にあったものだそう。「古いものですが、自分のインテリアにも合って丈夫で使いやすいです。藤のチェストは引き出しやすい造りなのが気に入っています」。引き出しの大きさに合わせて、タオルや靴下などをアイテムごとに分けて収納しています。引き出しの中は手前によく使うアイテムを並べて、シーズンごとに少し入れ替えるようにしているそうです。

チェストの中にはインナー、靴下、ルームインナー、タオルなどのよく使うものを収納している。

Closet 3

大きさ▶チェスト2つ
使う人▶JUCO. さん

主に収納するもの▶インナー、ルームウェア、靴下、ミニタオル、デニム、Tシャツ、ロンT、ストール、薄手ニット、トレーナーなど

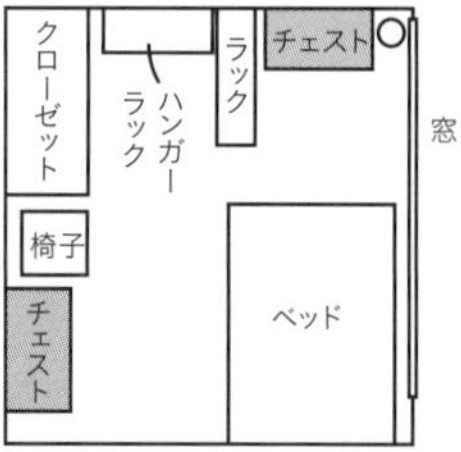

（上・左）少し色が焼けてしまったところも味わい深いもう1つのチェスト。中に夏に使うTシャツ、デニムなど、畳んで収納できるものを入れる。上には、帽子スタンドやトルソーに帽子を重ねて、インテリアの一部に。

JUCO.
さんの

収納Point

- □ チェストは自分が大切にしたい風合いのあるものをチョイス
- □ アイテムごとに分けて収納する

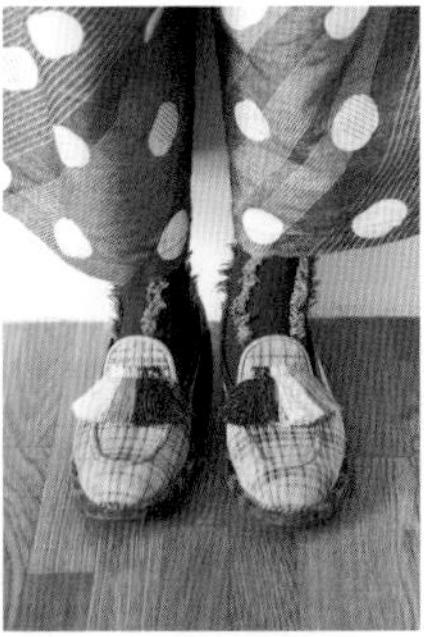

ボトムス、靴下、靴のバランス、見え方は常にチェックしてコーディネート。

My small Closet

業務用ラックを活用して大量の靴を並べて保管する

靴を身近に感じるラック収納をする

シューズデザイナーのＪＵＣＯ．さん宅には自身のブランドの靴がいっぱい。あまり履かなくなったものはクローゼットのある寝室に業務用のラックを置いて保管したり、ハンガーラックの下にアクセントとしてオン。よく履く靴は玄関にガーデン用のラックを設置し、７～８足並べて、夏にはサンダルを出すなど少し入れ替える程度。「仕事柄、靴は目に見えるところに置いて、インスピレーションが湧くようにしています。長く愛用できるように、専用のシューズキットでのお手入れは欠かしません」

時々靴を入れ替えて、ディスプレイ風にするのも楽しみのひとつ。ラックにしまえない靴はハンガーラックの下に置く。靴裏は拭いてラグを敷いておくことがポイント。

専用のシューズケアキットで1週間に一度はお手入れ

靴は汚れをブラシでとって、専用のクリームを塗るだけで長持ちしてきれいに。お客様からのリクエストで作った「JUCO.」の靴専用のキットがおすすめ。

ガーデン用ラックで
コンパクトに靴を収納する

玄関にシューズクローゼットがないため、「無印良品」のガーデン用のラックを利用。高さがあるのでショートブーツも収納しやすく、玄関のスペースに使える。

JUCO.
さんの

靴の収納・お手入れ
Point

- □ 靴はディスプレイ風に
  収納して部屋のポイントにする
- □ シューズケアは 1週間に一度する
- □ シューズクローゼットがない
  玄関にはガーデン用ラックが便利

My Small Items

遊び心のあるディスプレイで部屋全体をフォトジェニックに

好きなものに飾ってとことん楽しむ！

洋服はきちんとしまうかわりに、小物はディスプレイしてとことん楽しんで飾るのがＪＵＣＯ．さん流。中でもチェストの上のコーナーはお気に入り。古道具店で見つけた帽子スタンドは高さもまちまちで、その不均衡さが、飾ると個性的で絵になります。また、学生時代に買ったトルソーには普段あまり着けないアクセサリーを飾っています。「自分の空間では好きなものに囲まれていたいので、気に入ったものを並べています。トルソーを使ったり、旅先で出合った雑貨を取り入れたり、あまり法則は決めずに可愛い！　と思ったものを自由に飾るのが好きです」

帽子スタンドの飾り方にも工夫が。素材が似た帽子を重ねてつばの特徴を見せるようにランダムに重ねるのがポイント。トルソーにはインパクトのあるアクセサリーを飾って。

普段使いするアクセサリーはトレイにアイテムごとに収納

藤のシェルフの上には普段使いするアクセサリーやメガネなどをトレイにのせて置いている。アイテムごとにトレイの大きさを変えるのもポイント。

ハンカチはカゴにディスプレイ

普段よく使う、ハンカチ類はカゴにまとめて保管。「チェストの上に置いておくと、出掛けるときに目に入るので忘れ物防止にもいいです」

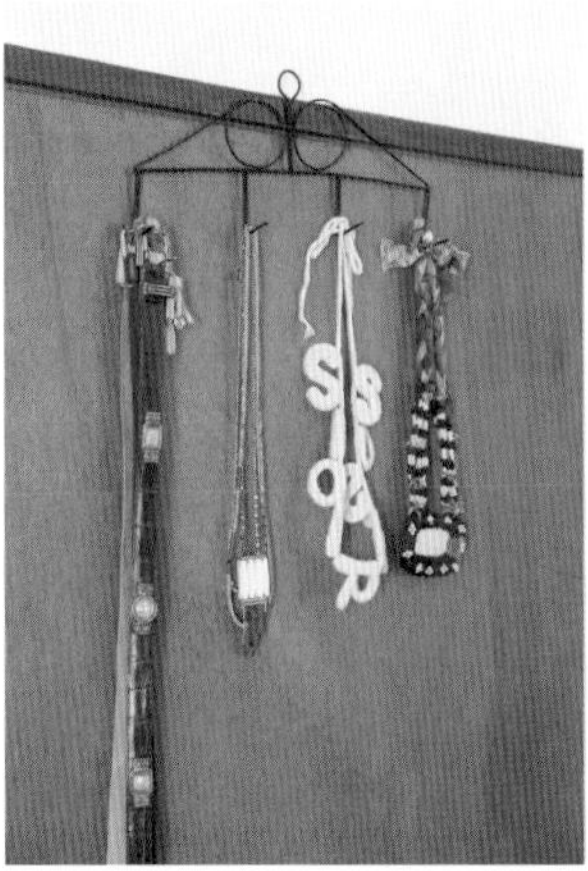

ベルトやネックレスは部屋の出入り口に掛けておく

出掛ける前にさっと着けたいベルトやネックレスは、雑貨店で購入した飾り用のフックを利用。部屋の出入り口に設置すると動線もバッチリ。

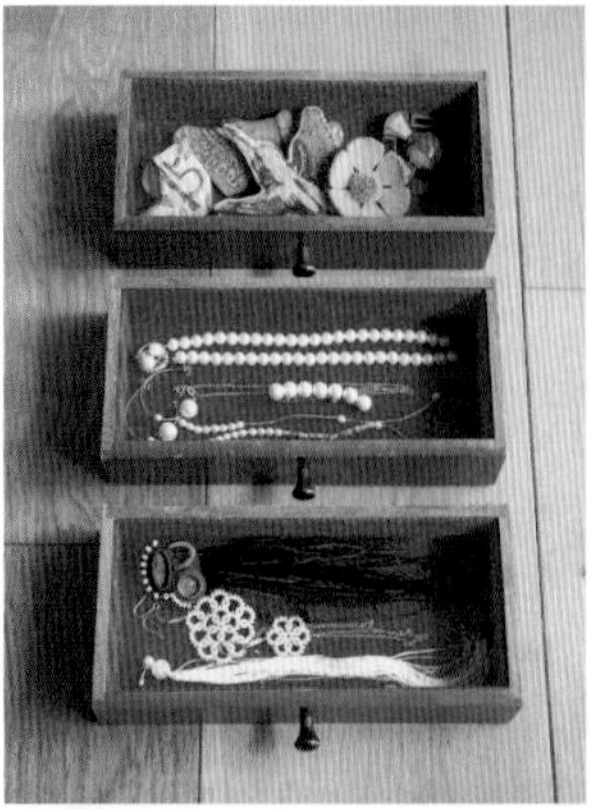

パーティ用のアクセサリーは木製の小物ボックスに

フォーマルシーンで着けたいものはホコリや汚れが付きにくい引き出しタイプに収納。可愛い扉が付いている、3段に分かれた小物ボックスに。

My Wardrobe

靴との相性を考えてコーディネート

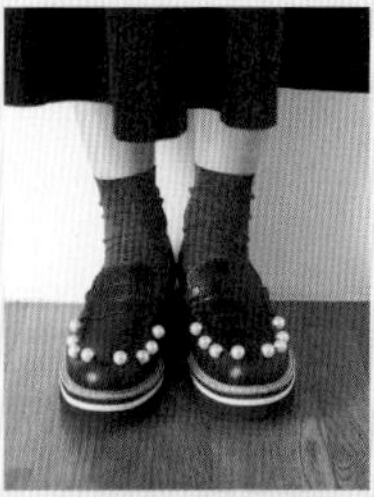

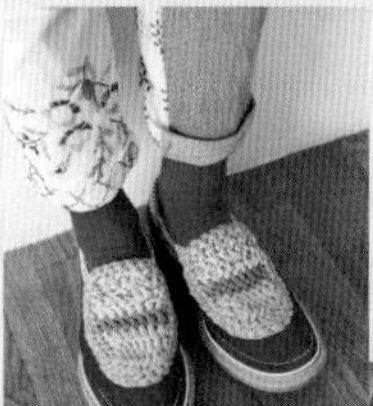

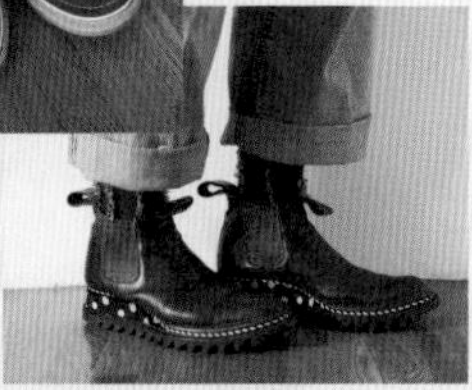

「JUCO.」の靴に相性バッチリな「YEAH RIGHT!!」のパンツ。ボトムと靴の間から見える靴下はアクセントになるものを。今季は靴下ブランド「MARCOMONDE」とコラボしてオリジナルの靴下を展開。

靴に合うクラフト感のあるアイテムを選ぶ

JUCO.さんのワードローブ選びはやはり靴とのコーディネートから考えることが多いのだとか。ボトムスは特にこだわりがあります。カラフルなニットやタッセルなどが使われたデザイン性のある「JUCO.」の靴に合うのはクラフト感のあるボトムス。靴下でポップさをプラスするのもおしゃれの楽しみだとか。また、アトリエでの作業や、浅草の職人さんの工房を回るための自転車移動も多いので、歩きやすい靴と動きやすい服を選ぶことも大切な要素です。

JUCO.さんの Wardrobe data ワードローブ

シャツ・ブラウス	6点	オールインワン	4点
Tシャツ	20点	スカート	5点
ロンT	18点	ワンピース	19点
プルオーバー	6点	ジャケット	5点
キャミ・タンクトップ	14点	コート	8点
ニット	7点	パーカ	4点
カーディガン	4点	ファーベスト	2点
パンツ	16点	帽子	25点
デニム	5点	巻き物	7点
		ベルト	4点

JUCO.さんの

基本の1week アイテム

靴からコーディネートを考えることが多い JUCO. さん。
履きたい靴 + ボトムスを選んだ上でトップスや小物を合わせていきます。
トップスも柄が入るのがポイントです。

● 靴

毎日でも履きたくなることを大切にしているので、履きやすいローファーを中心に。打ち合わせにもOKなベーシックカラーも。

A

ブルーの
ローファー

B

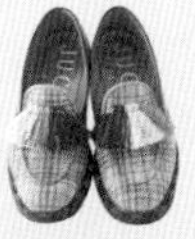

チェックの
ローファー

C

サンダル

D

黒の
ローファー

E

ショートブーツ

● ボトムス

靴との相性を考えてセレクト。ブルーやグレーを基本として、靴が個性的なデザインでもなじむものをセレクトしている。

柄パンツ

デニム

サスペンダー
パンツ

ワンピース

1枚でも重ね着でも着やすいシンプルなワンピースをチョイス。ロング丈なので動きやすくラクチンなのがポイント。

ワンピース

トップス

パンチを与えてくれるものとベーシックに使えるものなど、どんなシーンにも合うようにセレクト。

ドットブラウス

スタンダードカラーシャツ

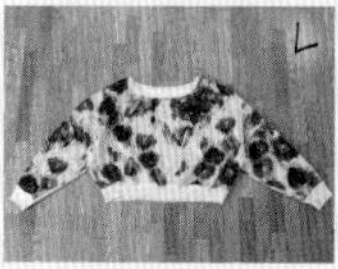

花柄プルオーバー

アウター

コーディネート全体をまとめてくれるベーシックなデザインを。春先の自転車対策にもＯＫで温度調整しやすいショート丈が中心。

ニットカーディガン

ニットカーディガン

デニムジャケット

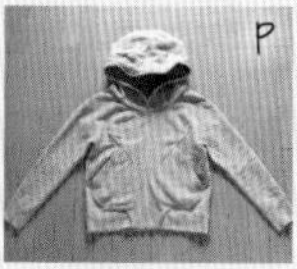

パーカ

JUCO.さんの

基本のアイテムで 1 week coordinate コーディネート

靴が主役になる1週間のコーディネートをご紹介。基本は全身のカラーをボトムスと合わせておくと安心。靴下は服と靴の雰囲気をつなぐ役割に。

ブルーのローファーが主役

day 1

ブルーのローファーはブルー系を使ったパンツとブルーの靴下で下半身を統一してすっきりと。

A+F+L+M

+

+

+

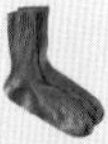

小物は靴に合わせてブルー系のものを入れて、靴が浮かないようにするのがポイント。

D+H+I
+

+

+

靴下は足元が重くならないように、白地のものを選んで、ちょっぴり抜け感をプラス。

day 2

パールと水玉がリフレイン

パール付きのローファーに白のドットのサスペンダーパンツを重ね着して柄を合わせて、センスよく。

E+G+J+N
+

+

+
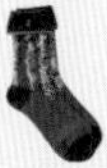

トップスやアウターで色と柄を重ねているので、小物はモノトーンでまとめるのが正解。

day 3

デニムを個性的に着こなす

ショートブーツ×デニムの組み合わせ。半端丈のデニムに合わせてブーツのディテールを楽しんで。

E+F+K+O

+

+

+

靴下の色や柄でパンツと靴をつなげることで、コーディネートに一体感が出る。

day 4

ブーツを軽快に見せる

ショートブーツが重くなりすぎないように、明るめのデニムを合わせると可愛い印象にまとまる。

D+I+P

+

+

+

リュックを合わせてパーカのリラックス感と統一。胸元のタッセルもポイント。

day 5

赤いソックスをポイントに

グレーのパーカ、ネイビーのワンピースに赤の靴下を入れてシンプルスタイルにエッジをきかせて。

B + H + K

\+

\+

靴下は少し派手なカラーを合わせて、足元でハズして遊び心を。

day 6

モノトーンでシックに

チェック柄のローファーにドットのパンツ。柄×柄でもベースカラーは同じトーンなのでまとまる。

C + G + L

\+

ブルーとベージュのコーディネートに合わせたカラーの小物をチョイスしてバランスを。

day 7

足元を涼やかにコーデ

折り返しのデニムで、キルト付きサンダルを主役に。短めのトップスが太めのデニムとも絶妙バランス。

リビングスペースには「YEAH RIGHT!!」にオーダーしたガーランドが飾られている。

My Interior

ファブリックが主役のノスタルジックテイスト

古い家具とファブリックをミックス

好きなものに囲まれて生活しているＪＵＣＯ．さん。「家具のほとんどが祖父の家にあったもので、古いものなのですが、ボリューム感といい、味わいといい、今の家具にはないよさがあって気に入っています」と言います。そんな重量感のある家具にＪＵＣＯ．さんの好きなトルコや中南米のファブリックを合わせています。「かっちりとした手法があるのにハンドメイドならではの奇跡的にできる模様に魅かれてしまいます。自分が作る靴とも感性が似ているんです。それに、ノスタルジックな雰囲気も古い家具に合いますね」

ソファや椅子はエスニック柄のクッションやカバーで世界観を統一している。

カーテン風の布付きの書棚は目隠し収納に便利

この書棚もお祖父さんから譲り受けたもの。カーテン風の布付きで中に入っているものが見えないので、目隠し収納に最適。仕事の資料を保管している。

遊び心のある雑貨は自分の部屋のポイントに

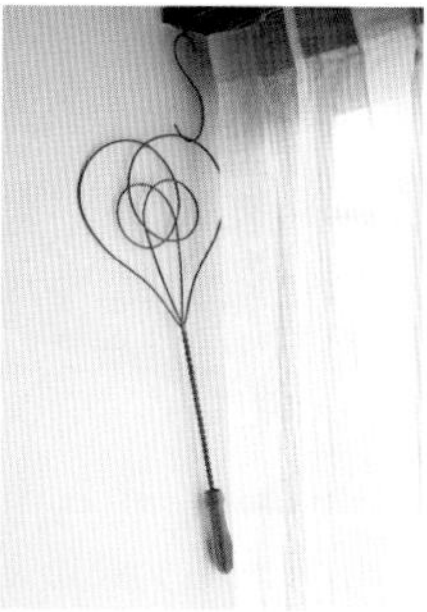

アンティークショップやお気に入りのセレクトショップで見つけた、布団叩きやパイナップルのランプ。ちょっぴり遊び心のあるところが程よい抜け感になる。

ラグやカーテンで
好きなテイストに仕上げる

床や窓は部屋の大きな面積を占めるので、自分の好きなトルコや南米のテイストのラグやカーテンを選んで、部屋全体の雰囲気を統一。

JUCO.
さんの

Interior rule
インテリア作りのルール

- □ 床はラグを敷いて
  自分の好きな雰囲気にする
- □ ファブリックは部屋の
  テイストで統一する
- □ クラフト感のあるものを選ぶ
- □ 家具の色味はブラウン系で揃える

（上）10周年を記念した 2017年 spring・summer コレクション。（左）ソファの隣には仕事用のテーブルがあり、いつもここで作業を。

My Life

アトリエ兼自宅で
生活も仕事も一体化
好きな空間で好きな仕事を楽しむ

自分の感性を吹き込む靴作りがモットー

現在、アトリエ兼自宅となっているＪＵＣＯ．さん宅。好きなことが仕事になっているので、生活と仕事が一体化になった今のスタイルに満足しているそう。半年に一度の受注会のために靴の新作を作ったり、さまざまなブランドとコラボするデザインを考えたりと、毎日靴と向き合う日々を送っています。また、受注会が終わると必ず旅に出て新しいインスピレーションを取り入れ、靴作りに活かしています。「靴はもともと形がきちんとあるので、そこに私らしい感性を吹き込めるかどうかを考えてデザインしています。履いていて、楽しいと思っていただける靴を作り続けたいですね」

靴と同じ生地で作った小物なども人気商品。

すぐに作業できるように
靴作りの道具は並べておく

寝室を出るとアトリエスペース。靴の飾り部分を縫い合わせる機械も自宅の中にあり、職人さんにお願いせず自らハンドメイドすることも。

ハンドメイドの雑貨は
アトリエのポイントに

知人のデザイナーが作ってくれたオブジェや自身で手作りした雑貨は部屋のアクセントに。個性的なデザインは靴作りのヒントになる。

ランチは手作りして
スタッフと一緒に食べる

「同じ釜の飯を食う」という意味で昼食はJUCO.さんかスタッフさんのどちらかが作ることに。「連帯感が生まれますし、健康的になりますよ」

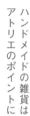

イラストレーター　よしいちひろさん

File 5

いつでも
取り出しやすさを優先した
ラフ感のあるクローゼット

よしいちひろさん

エディトリアルからプロダクトまで幅広いジャンルで活躍。著書に『思いを伝える！かわいいイラストBOOK』（ピエブックス）がある。

間取り▶一軒家、3LDK
家族構成▶ご主人、お子さんの3人暮らしと犬1匹

よしいさんの

Closet rule クローゼット作りのルール

- □ 衣替えをしなくても すぐに手に取れるように整理する
- □ よく使うものは見えやすい位置に収納する
- □ ぎゅうぎゅうに詰めない、 ラフ感を大切にする
- □ シェルフの間仕切りを活用して クローゼットと生活空間を分ける
- □ 靴などはわかりやすいように 箱にイラストを描いたラベルを貼る
- □ 小物はボックスで収納する
- □ ワードローブの整理は“貪欲帖”で管理する

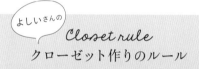

見やすい位置に収納して すぐ取り出せるようにする

寝室にある2つのクローゼットはご主人と兼用。スタッキングシェルフを間仕切りにして、ベッドとクローゼットを分けています。シーズンレスの着こなしが好きなよしいさんは、衣替えはせず、どれでもすぐに取り出せるように収納するのがモットーとのこと。シャツは取り出しやすい位置にハンガーで整理され、カットソーなどの畳んだものは引き出しに。引き出しに入れても重ねずに見えるように収納しています。「ずぼらな性格なので（笑）きちんと収納するというより、すぐに着て外出できるように見やすい位置にしまっておくようにしています。ぎゅうぎゅうに詰めず、ある程度ラフ感を持たせています」

ワードローブ管理のための“貪欲帖”は可愛いイラストでいっぱい。

収納に箱を活用。クローゼットの中には小物入れの箱があり、中にはベルトなどの小物を収納。シューズクローゼットはよしいさんの手描きの靴のラベルで管理。

My closet 1

１つ目のクローゼットには
よく使うものを収納

使用頻度の高いアイテムはまとめる

向かって左のクローゼットにはバッグ類やニットを、右のクローゼットにはシャツやワンピースなどを収納しています。ここにあるのは使用頻度が高く、年中使えるアイテム。ニット類などは、ワイヤーラックにくるくる丸めて収納しています。「毎回、洗濯しないニットなどは汗や汚れが気になるので、通気性のいいワイヤーラックに収納しています」とよしいさん。また、クローゼットの下はデッドスペースにならないように収納ケースを配置して下着類や小物をしまい、他の使用頻度が高いものをコンパクトに収納しています。

シャツのハンガーはワイヤーハンガーで揃えておくと見た目もすっきりした印象に。引き出せる箱にはベルトやサングラスなど、小物に使用。引き出しタイプなのでアイテムが取り出しやすいのがポイント。

バッグはS字フックを利用。「下げる収納で、開けたときに楽しい気持ちになります」。ラックのワゴンにはニット、パンツなどをくるくる丸めて収納。重ねず高さも出して、見ただけでどこに何があるかわかるようにしている。

Closet 1

広さ▶高さ 250cm × 幅 170cm × 奥行 75cm
使う人▶よしいさんとご主人
主に収納するもの▶ふたり分のシャツ、アウター、ニット、スウェット、インナー、下着類、ワンピース、バッグ、ハンカチ、ベルト、サングラスなど

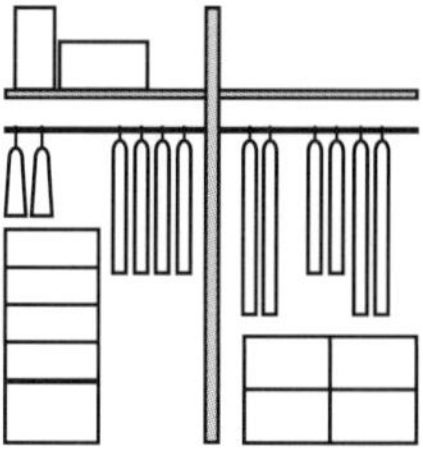

クローゼットの奥には、バスケットにハンカチを入れて収納。奥にあってもバスケットごと取り出せるので便利。

よしいさんの

収納 *Point*

- □ シワになりやすいシャツやワンピースはハンガーに掛ける
- □ 毎回洗濯しないようなものは通気性のいいワイヤーラックに収納する
- □ 取り出しやすいようにバッグはS字フックを利用
- □ 出し入れしやすいようにハンカチはバスケットに入れる

アイテムごとに収納する。厚手のものはくるくる丸めて畳んだら、重ねないで縦に入れると一目瞭然になる。収納ボックスの中はなるべくものを重ねないように整理するのがポイントに。

My closet 2

2つ目のクローゼットは シーズンオフをまとめて整理

収納ボックスに畳んで整理しておく

もう1つ同じ大きさのクローゼットにはシーズンオフのものを収納。「衣替えは基本しませんが、夏限定で使うTシャツや冬物のコートはこちら側のクローゼットにしまいます。クローゼットの中はどうしてもホコリが溜まってしまうので、しばらく着ないアイテムはカバーを掛けて保管しています」。収納ケースはスタッキングできる「無印良品」のものを積み上げて収納力をアップ。中が透けて見えるので、何が入っているかわかりやすく、またお気に入りのアイテムは自分の目の高さに入れて取り出しやすいようにしています。

Closet 2

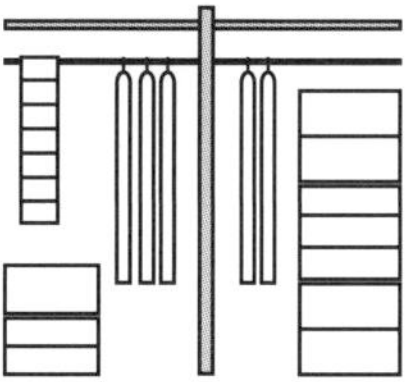

広さ▶高さ 250cm × 幅 170cm × 奥行 75cm
使う人▶よしいさんとご主人

主に収納するもの▶ふたり分の冬用のコート、厚手のニット、夏物のTシャツやカットソーなど

よしいさんの

収納 Point

- □ 収納ケースの中は くるくる丸めて縦に収納
- □ 使わないものは カバーを掛けておく

mini column

よしいさんの

お役立ち収納アイテム

すっきり片付けるためにお役立ちなのが、収納アイテム。
効率よく整理できて、見た目も素敵な、
よしいさん愛用のアイテムをご紹介いただきました！

「無印良品」のシャツホルダーは小物の整理に活躍

クローゼットのポールに掛けるだけでＯＫ。仕切りがあるので、それぞれ小物が収納できます。「開けたらすぐにわかるのが大切ですね！」

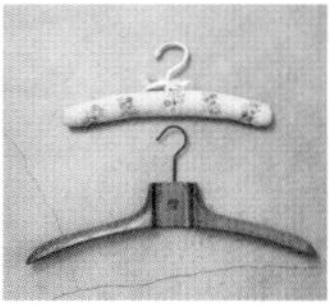

シャツやワンピースのハンガーはワイヤーハンガーで統一。蚤の市などで購入した雰囲気のあるハンガーもプラスして、自分が楽しいクローゼットに。

味のあるハンガーでクローゼットをセンスアップ

雑貨店で購入したツリーフックでバッグを収納

フックが3カ所付いていて、バッグの大きさに合わせて位置が変えられるもの。「クローゼットのすき間を活かして使えるのがいいです」

「IKEA」で購入した子ども用のハンガー

海外のショップの大人用のハンガーだと、欧米人用で大きすぎることも。「IKEA」の子ども用ハンガーはサイズ感も合って見た目もすっきり。

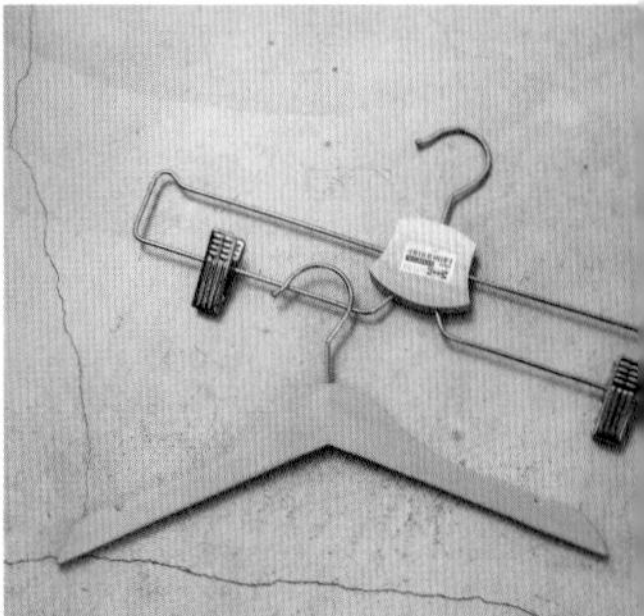

My Routine

シェルフで間仕切りして、洋服が取り出しやすい動線に

収納にも間仕切りにも使えるシェルフ

よしいさんのクローゼット作りのもう1つのポイントがこのスタッキングシェルフ使い。ベッドとクローゼットの間に置いて、間仕切りにして空間を分けているのです。クローゼットとシェルフの間はちょうどひとり分ほど動けるスペースがあり、洋服の取り出しもラクラク。スタッキングシェルフなので圧迫感もなく、収納力とおしゃれ感を両立させています。「スタッキングシェルフは部屋の雰囲気に合う、ナチュラル系のものをチョイスしました。置くカゴや小物もテイストを合わせておくと、全体がまとまると思います」

ベッドと空間を分ける、スタッキングシェルフ（写真手前がベッドスペース）。適度な抜け感があるので大きなシェルフでもすっきり見える。ディスプレイ収納もできるスタイルなので、気分によって変更も可能。

ひとり分の余裕のスペースで
ワードローブ選びもラクラク！

クローゼットが引き戸タイプなので、シェルフにも当たらず、洋服の取り出しができます。「しゃがんでもラクラク動けます。シェルフにある小物などを取るのにも便利な動線なので、アイテム選びが楽しいです」

スタッキングシェルフは
ディスプレイ収納でセンスよく

シェルフにはお子さんの洋服やアクセサリー、帽子をディスプレイ収納に。ナチュラル系のカゴや箱でシェルフと雰囲気を合わせて、ものをたくさん入れずに、適度な空間を空けて収納すると圧迫感がなく、すっきり。

色とりどりのラベルとイラストで靴を管理する

靴のイラストと名前が描かれたラベルを箱にオン。ラベルのカラーも変えて、クローゼット内を明るい雰囲気にするのがポイント。

My Shoes Box and Small Items

靴はイラストのラベルで管理
細かいものはボックスに収納

わかりやすくて楽しい収納をする

備え付けのシューズクローゼットは家族3人で使っています。下段はよく使う靴、上段はシーズンオフやパーティ用の靴などを収納。箱で収納されていて、箱に貼られたよしいさんの可愛い手描きの靴のイラストラベルが、シューズクローゼットのおしゃれなアクセントになっています。「洋服同様に靴もどこに何があるのかわかりやすいことが大切ですが、開けたときに楽しい気分にしたいのでラベルを貼っています」。また、アクセサリーなどは気に入ったお菓子の箱を利用して、シェルフやクローゼット内に収納して出し入れしやすくしています。

型崩れしすい靴はシューズキーパーを使って保管。頻繁に使用しない靴の箱は取っておき、箱に入れてシューズクローゼットに。

お気に入りのお菓子の箱に
アクセサリーは収納する

チョコレートで有名な洋菓子店「DEMEL」の箱はクオリティが高いので、お気に入り。ピアスやブローチやベルトなどを収納するのに便利。

こまごましたものは
まとめてボックスや袋に収納

靴下はバラバラにならないように袋にざっくり入れて、クローゼットの収納ケースの中に。片付けるのもラクに。

帽子や靴下などの散らかりがちな小物はボックスや袋を使って整理。付け襟は、シワにならないようにボックスに収納し、重ねすぎないようにする。

帽子は雑貨店で購入した大きめのボックスに重ねて収納する。型崩れしやすい麦わら帽子は比較的、上のほうに入れておく。

欲しいもの、コーディネートを“貪欲帖”で管理

“貪欲帖”と名付けたノート。雑誌で気に入ったコーディネートも描くことも。

“貪欲帖”にはそのシーズンに欲しいもの、買ったものをイラストで整理。「買ったものとクローゼットの中にあるものとのコーディネートを考えるのが楽しい。雑誌を見ていいなあと思った着こなしも書き留めるようにしています」

6年つけている〝貪欲帖〟がワードローブ作りの味方

洋服を選ぶときは、長く愛せるものか、どれくらいその洋服でコーディネートを楽しめるかがポイント、と話すよしいさん。買っても着ないということがなるべくないように〝貪欲帖〟をつけているとか。「〝貪欲帖〟には欲しいもの、買ったものをイラストとメモで書き留めて、お気に入りのコーディネートを作ります。買うのに迷ったときにも、〝貪欲帖〟に描いたコーディネートに合うかどうかなどを考えられて、自然に無駄な買い物はしなくなりました」。基本はクローゼットに入る量を持つこと。新しく買ったら古いものは古着屋に買い取ってもらうなどして、自分のお気に入りのワードローブで楽しんでいるようです。

よしいさんの

Wardrobe data
ワードローブ

シャツ・ブラウス	15点
Tシャツ	7点
キャミ・タンクトップ	10点
カットソー	15点
ニット	20点
カーディガン	7点
パンツ	20点
デニム	7点
スカート	15点
ジャケット	5点
コート	10点
帽子	10点
巻き物	10点
ベルト	10点

よしいさんの

基本の1weekアイテム

「今日はこれを着たい！」という主役のアイテムを中心にコーディネートを考えるのが好きなよしいさん。合わせるものはベーシックアイテムと差し色効果のあるアイテムで、全体のバランスを取ります。

● 主役アイテム

大胆な柄と素材が特徴的な古着のスカートや古着をリメイクしたデザイン性のあるスウェット。着るだけでインパクトのあるものを選ぶ。

古着の花柄スカート

デザイン性のある
スウェット

● 脇役

主役アイテムのようなインパクトには欠けるが、色柄のアイテムを選ぶことで差し色や抜け感のある着こなしができる。

ボーダーカットソー

ピンクのレース付き
スカート

古着の
チェック柄シャツ

● 合わせるもの

U ネックのニット、タートルなどいわゆるベーシックアイテム。色も白か黒で主役アイテムとも色柄アイテムとも相性よくまとまる。

コットン素材の
ロングスカート

プルオーバー

タートルの
カットソー

黒のニット

よしいさんの

基本のアイテムで 1 week coordinate コーディネート

ただ上下を合わせるだけでなく、レイヤードをさりげなく楽しむのがよしいさん流。洋服にインパクトがあるので小物はシンプルな色合いに。

古着のスカートをシックに

黒のニットと合わせて花柄スカートを大人っぽく。ボーダーのカットソーのレイヤードがポイント。

day 1

A + D + F

\+

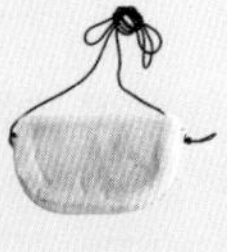

ウエストポーチにもなるミンクのポシェットで、スカートの着こなしのポイントにして。

B + D + I

\+

\+

ベルトを入れることでウエストがマークされ、スタイルアップ。靴もミュールで愛らしく。

day 2

白スカートで大人カジュアル

スウェットはスポーティになりすぎないように、量感のある白のスカートで大人カジュアルに。

C + D

\+

\+

帽子、靴を黒やネイビー系で揃えて、ピンクのスカートが着こなしで浮かないようにする。

day 3

大人のマリンスタイル

ボーダーのカットソーとピンクのスカートを合わせて小物をシックな色にした大人のマリンスタイルに。

day 4

柄スカートを引き立たせて

白のプルオーバーを合わせて、柄スカートをぐっと引き立たせる。カゴバッグで自然な抜け感を。

A + H

+

+

決めすぎにならないように、ターバンやカゴバッグで程よいナチュラル感をプラス。

day 5

スウェットを主役にコーデ

スウェットのデザイン性を活かしたコーディネート。チェック柄シャツを重ねてアクセントに。

B + C + E

+

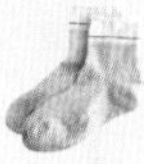

+

スニーカーを合わせてレース付きのスカートをカジュアルダウンしてバランスを。

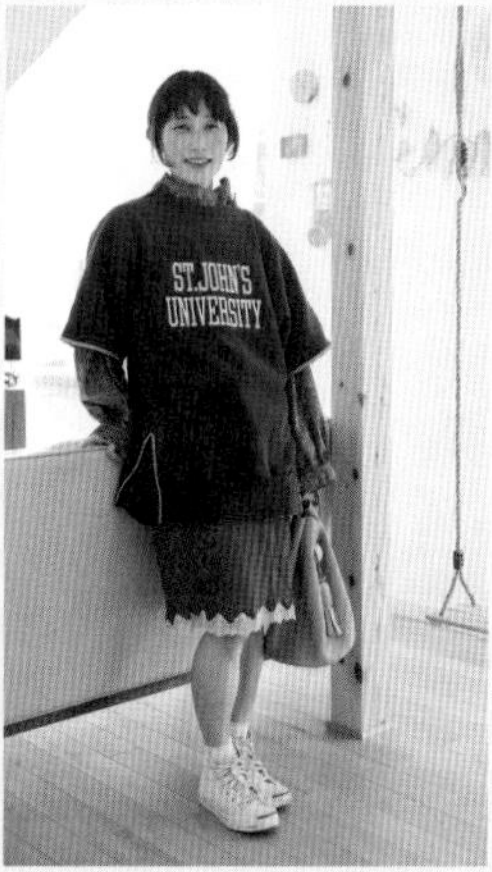

G + I

+

+

ミンク素材のポシェットで上質さをプラス。太めのバングルもアクセントに。

day 6

白×白でシンプルに

ベーシックアイテム同士の組み合わせ。白×白はスカートをハイウエスト気味に着てすっきりと。

C + F

+

+

丸襟がキュートな付け襟とトレンドのニット素材のクラッチバッグでさらにフェミニンに。

day 7

小物で自分らしいコーデを

ベーシックアイテムを着回すときに便利な付け襟を。フェミニンな雰囲気になり女性らしさがアップ。

My Interior 1

お気に入りのインテリアで
居心地のよいリビングに

明るい光に映える柔らかな空間作り

2階の17畳のスペースがある開放的なリビングダイニングは大きな窓が印象的で明るい光が差し込みます。インテリアはさまざまな国や年代のナチュラル系の家具とペールグリーンのソファが中心。照明は吊り下げるランプスタイルにして、リビングのアクセントになっています。「イギリスや北欧、日本などナチュラルな風合いの木製の家具とペールトーンのカラーを組み合わせて、家全体が柔らかな雰囲気になるようにしています。家にいることが多いので、自分が気に入ったもので、居心地のよい空間作りをしています」

差し色を入れて
部屋のポイントにする

テーブルに置かれた、カラフルな木製のブロック。お子さん用のおもちゃもインテリアの一部に。

1階のランドリースペースの入り口に掛けられたブルーの幾何学柄のカーテンは部屋のアクセント。

ファブリックで色を
きかせて、柔らかな印象に

ベッドルームもカバーやブランケットをパステルカラーにして柔らかな雰囲気を演出。天井には花飾りを吊り下げてロマンチックに。

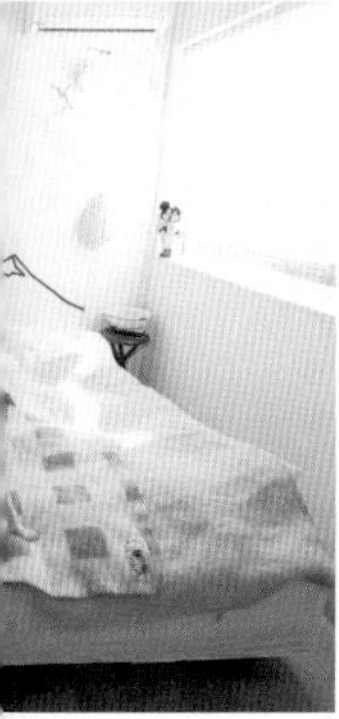

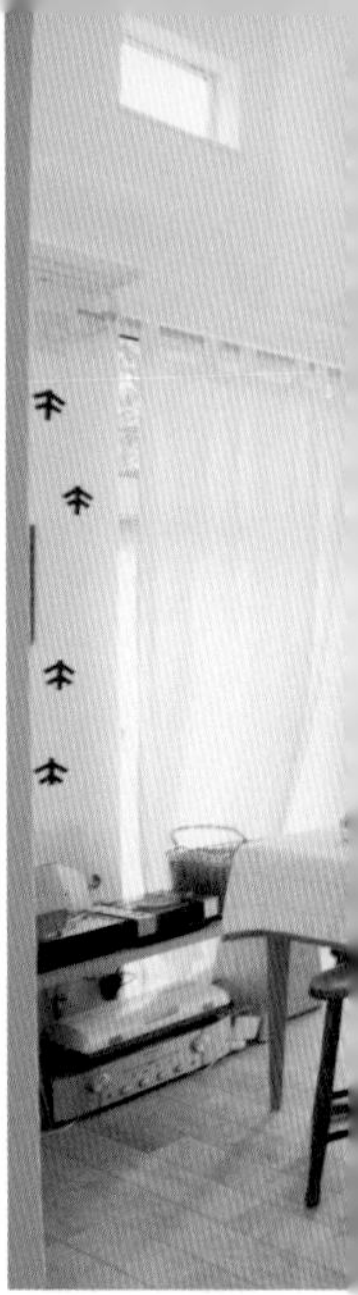

3階へ続く階段がスペースを区切っている

リビングダイニングのセンターに階段があるので自然とダイニングとリビングの間仕切りの役目に。お子さんのために取り付けたブランコなど遊び心のあるスペースに。照明は吊り下げタイプでアクセントを。

よしいさんの

Interior rule
インテリア作りのルール

- □ 家具はナチュラルテイストに揃えて柔らかな雰囲気にする
- □ ペールトーンをポイントに使う
- □ 古い家具もプラスして深みを出す
- □ 壁を飾って、部屋を立体的に見せる

部屋のテイストに合う味のある古いインテリア

古道具店で見つけたお気に入りの茶ダンスやスツール、テレビボードを配置。北欧テイストではないものも、色味や雰囲気などを統一させることで他のインテリアともマッチ。「ものによって古い家具のほうが造りがしっかりしていて使いやすいですね」

My Interior 2

古いものや味のあるアイテムで部屋全体を優しい雰囲気に

温かみのあるヴィンテージ家具がポイント

よしいさん宅のインテリアは古い家具やアイテムが多く、それが部屋全体が無機質にならない効果になっています。古いものを買うときは、色味などをよく見て他の家具との相性を考えて購入しているとか。「古い家具やアイテムは、ちょっとしたキズや擦れたところも味になって、部屋に温かみを与えてくれるので好きですね。また、スツールなどは、あえてセットで買わずに、気に入ったものをバラバラで購入して、組み合わせるのが好きです」

デザイン性のある食器でキッチンを賑やかにする

「形が揃っていなかったり、珍しい色合いだったり、ユーモラスなデザインの食器や器を集めています」。海外の蚤の市や古道具店でよく購入するそう。

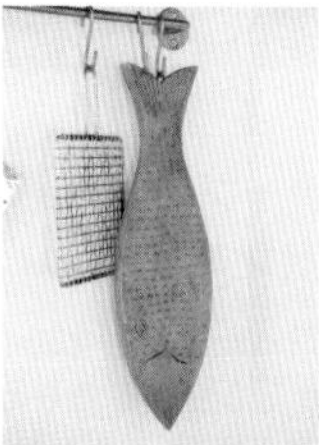

海外の蚤の市で見つけた魚型カッティングボードとオランダのデザイナーのカップ＆ソーサー。

mini column

よしいさんの

インテリア・アイデア集

部屋のインテリアをぐっとセンスアップしてくれる
ディスプレイ方法をご紹介。イラストレーターのよしいさんならではの
おしゃれなセンスを参考にしましょう。

アンティークなフレームで無造作に写真を飾る

写真を飾るなら、アンティークなフレームに入れると雰囲気アップ。「きっちり飾らずにランダムにしたほうがおしゃれに見えます」

マスキングテープで壁をデコレーション

よしいさんが貼った可愛いマスキングテープの模様が部屋全体に遊び心をプラス。階段は木の年輪に、リビングは森に、玄関は幾何学模様になど、それぞれテーマを設けるとまとまりやすい。

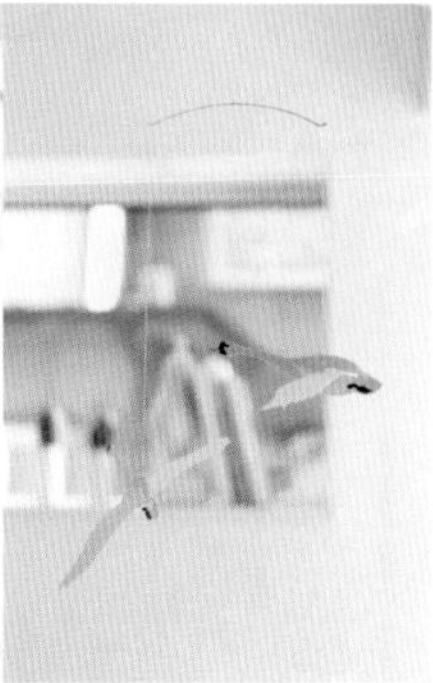

天井に飾りを吊るして
空間を華やかに彩る

天井から、モビールや飾りを吊るすと部屋の空間がおしゃれに。日が当たる部屋なら飾りが揺れるたびに、影を楽しむことができる。

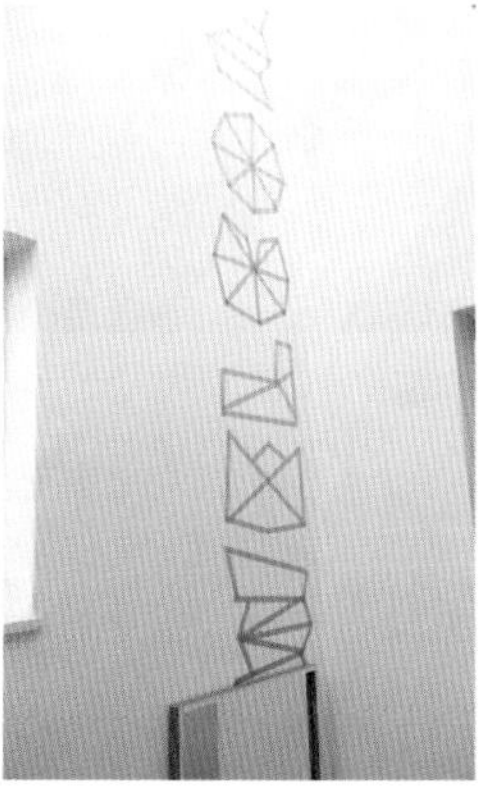

My Life

1階の専用の仕事ルームは
DIY で使いやすくする

DIYした仕事机が自慢の仕事ルーム

仕事は打ち合わせ以外は自宅での作業なので、使いやすさを優先。机は何とよしいさんがDIYで自分の体に合ったものを作ったとか。「使い心地を試しながら、DIYで自分に合うように作りました」。また、仕事ルームは細長い部屋なので有効に使えるように、棚を設置したり、梯子で資料を取り出せるようにしています。

壁には可愛い包装紙や旅先で出合った雑貨を絵のように飾っておしゃれ空間に。梯子の先には仕事で必要な資料本がズラリ。梯子を使って取りに行くことも。

お気に入りの雑貨は窓辺のディスプレイに。おしゃれな柄の箱は積み上げて。

1階は仕事、2階は家事とメリハリをつけているよしいさん。息抜きするときはリビングでゆったり過ごす。リビングスペースの壁にはお子さんの名前をさりげなく電飾で飾ったり、3階の天井から花飾りを下げて空間を彩っている。

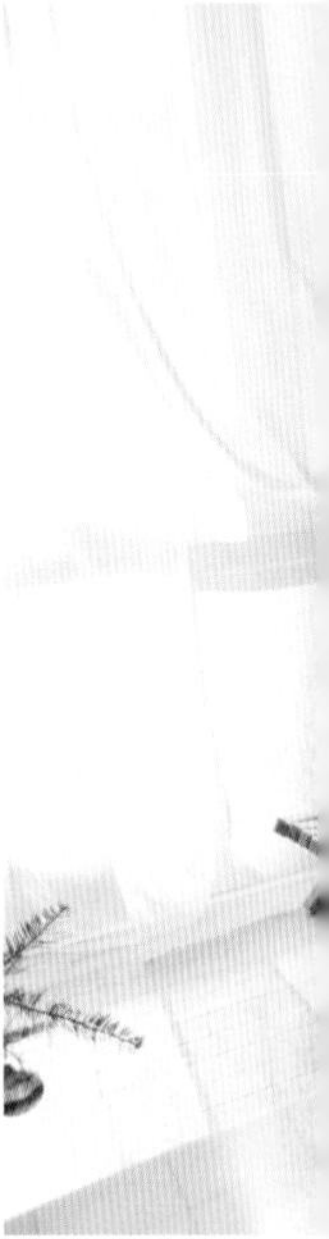

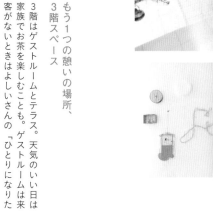

息抜きは2階のリビングで
愛犬とゆっくり過ごす

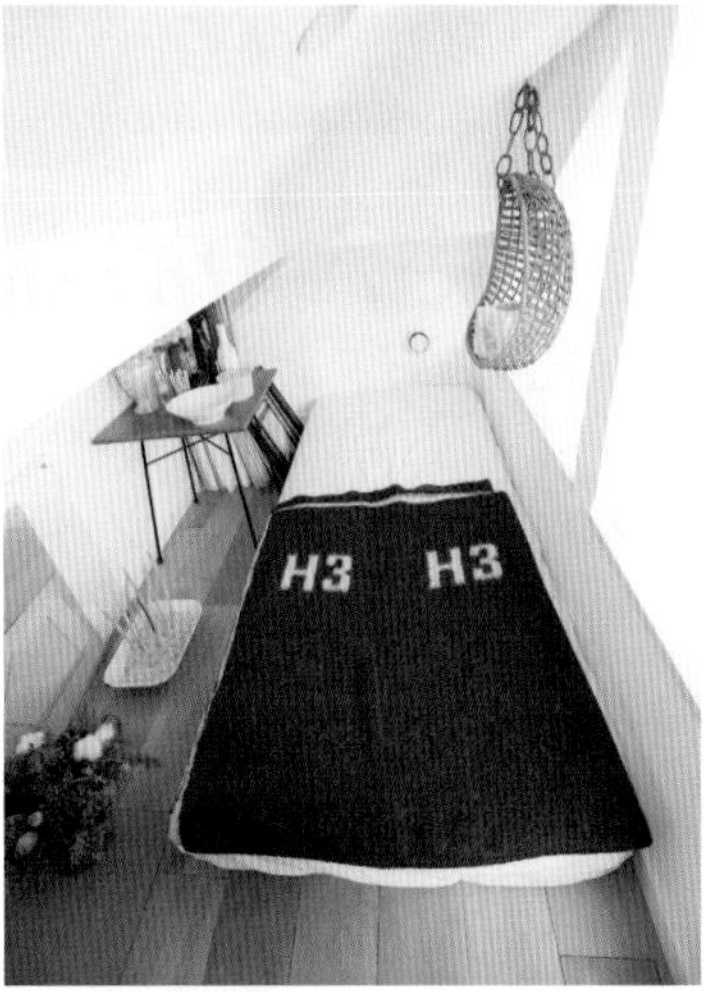

もう1つの憩いの場所、
3階スペース

3階はゲストルームとテラス。天気のいい日は家族でお茶を楽しむことも。ゲストルームは来客がないときはよしいさんの「ひとりになりたいとき」のスペースだとか。

刺しゅう作家「poritorie」
植木理絵さん

File 6

たくさんの服も迷子にならない、すべてが見えるクローゼット

Profile

植木理絵さん

伝統的な刺しゅうの技法を使ってブローチや小物を作成。展示会やイベントを中心に活躍中。他、カフェやショップの内装も手掛けている。

http://poritorie.petit.cc/

間取り▶マンション、4LDK
家族構成▶ご主人とふたり暮らし

植木さんの

Closet rule
クローゼット作りのルール

- □ 見せる収納と隠す収納を上手に使い分ける
- □ 数が多いワンピースは
  カラーや種類ごとにラックで分ける
- □ お気に入りのアイテムは
  トルソーに飾って見せる収納にする
- □ シェルフはカゴを仕切り役にして
  隠す収納にする
- □ 細かい小物はカゴで収納する
- □ 備え付けのクローゼットの中に
  デッドスペースを作らない

カラーごとに整理して
アイテムを見やすくする

広々とした8畳の1室が植木さんのクローゼットルーム。部屋の左右の端にハンガーラックを置き、シェルフと備え付けのクローゼットが1つある充実の収納力です。「洋服が大好きなんです。それも古着が好きなので、好きなものに出合ったら購入しちゃいますね。ワンピースが多いので、ハンガーに掛けるのが基本になっています」。たくさんの服があっても、コーディネートに迷わないようにアイテムはカラーごとに収納して見た目もきれいに。お気に入りのものに囲まれて着替えが楽しくなるクローゼットになっています。

古着に着けるブローチをコレクションする植木さん。花のモチーフが多く、選びやすいようにトレイに並べて収納している。

トルソーにはお気に入りのワンピースや帽子を飾っている。カゴにはファーのストールなどを保管。

My closet 1

ワンピースはグラデーションで並べて、見た目もきれいに収納

60着のワンピースはハンガーラックで収納

クローゼットルームに入ると右側にはハンガーラックに掛けられたワンピースがズラリと並んでいます。古着のワンピースを多く持っているので、それに合わせたアンティーク調のハンガーラックが無機質な印象を与えず、部屋の雰囲気にマッチしています。ワンピースは白から順番に濃くなるグラデーションで並べて、選びやすいように工夫。「ワンピースが大好きなので、だいたい60着ぐらい所有しています。またエプロンワンピースやスカートはワンピースコーナーと別のラックに掛けて分けるようにしています」

アンティーク調のハンガーラックは通販で購入。3つ同じものを並べて使って、雰囲気を統一している。服の向きをすべて揃えることでワンピースの特徴がわかり、選びやすい。

上の棚

カゴバッグの収納に棚を DIY で設置。カゴバッグは形がまちまちでかさばってしまいがちなので、空いている空間を上手に使って保管するのがポイント。

ハンガーラック

エプロンワンピースやスカートはワンピースとは別のラックにかけて区別。ワンピースもノースリーブや長袖など、種類によって収納を別にする。

Closet 1

広さ▶8畳　ハンガーラック（1段）高さ160cm×幅110cm×3つ
使う人▶植木さん

主に収納するもの▶
ワンピース、エプロンワンピース、スカート、ガウンなど

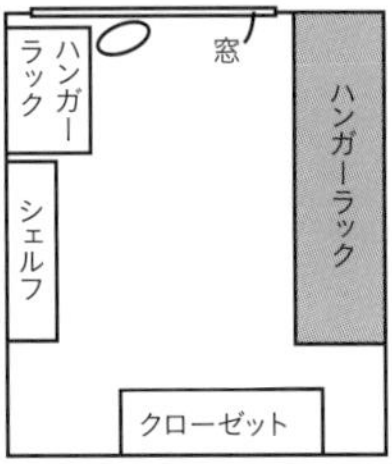

窓辺

窓辺のカゴにはベレー帽や手袋を収納。持ち手のあるカゴに入れておけば移動をするのもラク。カゴはアンティークショップで購入。

植木さんの

収納 Point

- ☐ ハンガーラックはアンティーク調にしてアイテムと雰囲気を揃える
- ☐ グラデーションでハンガーに掛ける
- ☐ ワンピースの種類別にラックを分ける
- ☐ 小物は持ち手のあるカゴに収納する

トルソーにはお気に入りのワンピースと帽子を掛けて、クローゼットルームのポイントにしている。

My closet 2

シェルフとトルソーをプラスして フレンチアンティークな コーナーを実現

ラックもシェルフもカラー別に整頓

部屋の左側の収納は上下2段のハンガーラックとアメリカで買い付けたアンティークのシェルフが中心になっています。2段のハンガーラックにはブラウスやショート丈のアウターが、ワンピースコーナーと同様にカラー別に掛けられています。シェルフには小物や厚手のニット類がふんわり2つ折りに畳まれて、これもカラー別に分けられています。

「シェルフをユーズドのものにしたり、トルソーに古着のワンピースをセットしたりして、持っているアイテムに合わせて部屋の雰囲気をフレンチアンティークにしています」

上下 2段のハンガーラック。上を淡いカラーでまとめて、下はネイビーなど濃い色にすると空間がすっきり見える。

シェルフにはニット類をカラー別に収納している。衣替えのときは薄手のものやスウェットなどと入れ替える。ふんわりと2つ折りで。

付け襟やカチューシャ、ベルトなどはアイテムごとにカゴで収納。あまり法則を決めず、カゴにどんどん入れておき、時々整理する。

Closet 2

広さ▶8畳　ハンガーラック（2段）
高さ195cm×幅110cmとシェルフ
使う人▶植木さん

主に収納するもの▶ブラウス、シャツ、ショート丈のアウター、ニット、バッグ、付け襟、カチューシャ、ベルトなど

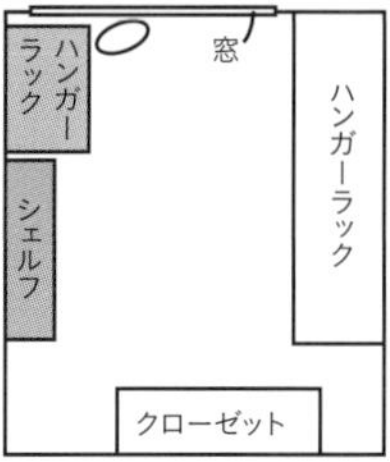

シェルフの1番下には藤のカゴを設置して、畳めるバッグを大きさ別に収納している。引き出せるので使いやすい。

植木さんの

収納Point

- □ 好きなテイストに合わせたシェルフや収納小物を選ぶ
- □ 2段ラックは上に白や淡い色を掛けて、空間を圧迫させない
- □ シェルフ収納はカゴを仕切り役に使う

「無印良品」の収納ケースが大活躍。細身のケースもサイズがぴったり合った。

通販で購入したパンツラックは出し入れしやすく、収納力も抜群。

My closet 3

備え付けのクローゼットにはパンツやベーシックアイテムを

同じ収納ケースを使って統一感を出す

部屋に入るとすぐ左に備え付けのクローゼットがあり、「無印良品」の収納ケースがスタッキングされています。下の棚のケースには、ワンピースに合わせるベーシックなカットソーやTシャツなどを、上の棚のケースにはシーズンオフのものをしまっています。カットソーなどはアイテムごとに分け、くるくる丸めて畳み収納しています。また、すき間スペースにぴったり入る細身の収納ケースはハンカチや小物などを収納するのに重宝しているそう。下の棚の収納ケースをのせている台の下にキャスター付きのパンツラックを入れて、スペースを有効活用しています。

Closet 3

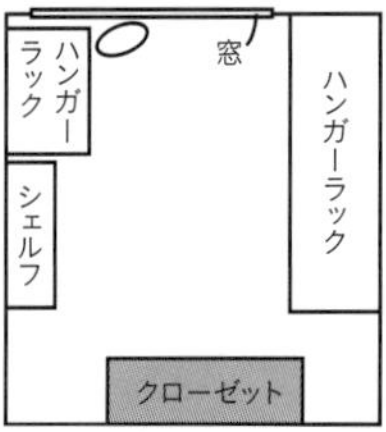

植木さんの

収納Point

- □ 収納ケースを利用して
  ベーシックアイテムを保管する
- □ クローゼットのサイズに合う
  ケースで整頓する
- □ 同じ収納ケースを使って統一感を

広さ▶8畳　クローゼット 高さ 200㎝ × 幅 105㎝
使う人▶植木さん

主に収納するもの▶パンツ、カットソー、T シャツ、ニット、ハンカチ、靴下、インナー、シーズンオフのもの

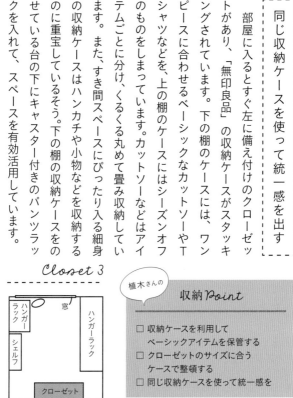

mini column

植木さんの

お役立ち収納アイテム

広いクローゼットルームだからこそ、ものが溢れて雑然としてしまいがち。
植木さんの空間を仕切るアイテムの利用術を参考に、
見た目も美しいクローゼットに。

カゴはシェルフなどの仕切り用に使う

シェルフでものを並べて見せる収納にすると、だんだんバラバラになりがち。カゴを利用してアイテムごとに入れて収納するとシェルフもまとまり、きれいが持続。

通販で購入したキャスター付きパンツラック

「厚手のパンツもしっかり掛けられて、滑りにくい形状で、収納力があり、おすすめです」。キャスター付きなので出し入れしやすく、掃除もしやすい。

「コストコ」で購入した
滑りにくいハンガー

ハンガーは統一したものを使ったほうがクローゼットはきれいに見える。「薄くて滑りにくいハンガーなら、クローゼットの整理もラクです」

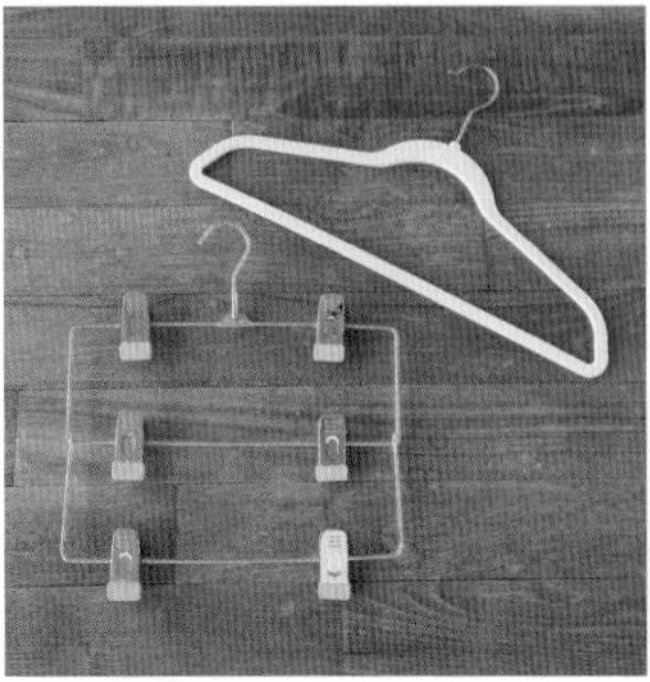

「無印良品」の すき間スペースの 収納ケース

狭いスペースなどにうまく収まり、ハンカチや小さめのバッグなど細かいものが収納できる。デッドスペースを活かすことにひと役買ってくれる。

My small items

アクセサリーは
ガーリーな世界観で飾る

壁も使って、お気に入りのコーナーを作る

クローゼットルームのシェルフの上には、お気に入りアイテムが並べられたガーリーな世界観が広がります。「シェルフの上だけでなく、壁も使って、好きなテイストに仕上げています。虫ピンを設置して、レースの付け襟やアンティークのバッグやネックレスを掛けるなど、スウィートな雰囲気に仕上げています」と植木さん。また、アクセサリーケースはブラックのものを使っていますが、それだけだと重いので、ホコリ除けも兼ねてアンティークのレースでカバー。シェルフの上の雰囲気をまとめることがコツだそう。

ワンピースを着るときによくコーディネートするブローチはプレートに並べて。繊細な造りのものが多いので重ねずに。プレートもフレンチシックなもので雰囲気を合わせる。

ピアスやブローチは アクセサリーボックスに

細かなものの収納はアクセサリーボックスが便利。ただし市販のものはアクリル製だったり、色が重いのでレースをかけて自分の好きな雰囲気にコーディネート。

バングルなどの収納は お菓子の箱などを利用

厚みのあるバングルなどは、お菓子の箱に収納を。シンプルで他の収納ケースからデザインが浮かないものを選んでいる。

帽子はフックに掛けてディスプレイ風に

帽子用のフックを壁に設置して、ディスプレイ風にすると空間が引き締まる。型崩れも防ぐことができる。

よく使うものは虫ピンに掛けて収納する

よく使うネックレスは壁に虫ピンを設置して掛けておく。「絡まず、取り出しやすいです。虫ピンはフックより目立たないのでおすすめです」

My Wardrobe

お気に入りの古着や
ワンピースに合わせて
シンプルなアイテムをプラス

（上）ブローチはコーディネートのアクセントとしてよく着けている。（左）植木さんのお気に入りの古着。どれもフランス製のもの。

着たいワンピースが主役になるコーデ

植木さんのワードローブの多くはヴィンテージのワンピース。昔の人の手仕事で、ギャザーがたくさん入ったものや凝った刺しゅうが施されたヨーロッパの古着が好きだと言います。ただし、色はあくまでも白、黒、ベージュ、ネイビーなどのシンプルカラーで揃えて、着こなしやすいものを選んでいます。新品の服を買うときも、古着に合わせやすいベーシックカラーやシンプルなデザインをセレクト。「ワードローブのほとんどがワンピースなので、まずは着たいワンピースを選んでそれに合うベーシックなインナーやボトムスを考えます。流行を追うことはなく、古着を自分なりにアレンジして着るのが好きですね」

植木さんの

Wardrobe data
ワードローブ

シャツ・ブラウス	30点
Tシャツ	10点
キャミ・タンクトップ	5点
カットソー	10点
ニット	20点
カーディガン	10点
パンツ	20点
デニム	5点
スカート	5点
ワンピース	60点
ジャケット	3点
コート	10点
帽子	10点
巻き物	10点

植木さんの

基本の 1 *week* アイテム

まずは着たい古着をチョイスして、
インナーなどはベーシックアイテムを合わせるのがポイント。
さらにコーディネートを盛り上げてくれるプラスαのアイテムでセンスよく。

● 古着

それぞれ色が違う、ワンピースとブラウスジャケット。前開きのワンピースなら羽織りとしても使えて便利。

インディゴ
ワンピース

ドット柄
ワンピース

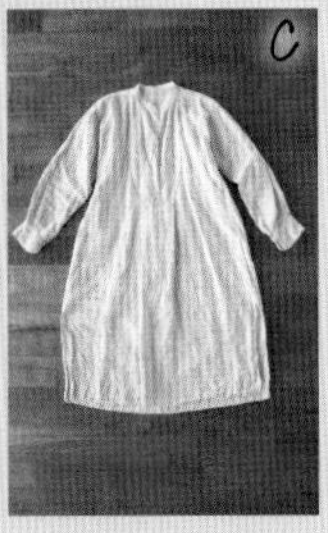

リネンシャツ
ワンピース

黒のブラウス
ジャケット

● ベーシックアイテム

ネックデザインが異なったカットソーなどはワンピースのインナーに使えるものを。ベーシックカラーで揃えると着回せる。

黒ニット

ボーダーカットソー

チャコールグレー
タートル

白スカート

黒パンツ

デニム

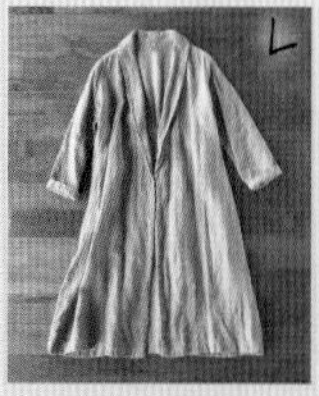

ガウンコート

ベスト

● プラスαアイテム

ベストやガウンコートは、着こなしにポイントを作り、さまざまな着方ができる便利アイテム。マンネリ感からの脱却も。

植木さんの

基本のアイテムで 1 week coordinate コーディネート

古着のワンピースもインナーや着こなしを変えるだけで、さまざまなコーディネートができる。ベーシックアイテムや小物でテイストに変化をつけて。

day 1

ベストを合わせてシックに

古着のドット柄ワンピースにベストと黒のパンツをプラス。ワントーンにまとめてシックな雰囲気。

B + I + K

+

+

+

ブローチやバッグには色や柄を入れて、着こなしのアクセントにするのがポイント。

A+G+L

+

+

+

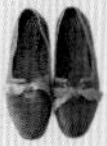

コーディネートがロング×ロングなので小物は軽めのカゴバッグで抜け感を出す。

day 2

ロング×ロングコーデ

切り替えのデザインが特徴的なワンピースが主役。ガウンと合わせてロング丈を印象的にする。

D+F+H

+

+

+

+

麦わら帽子やカゴバッグでフレンチスタイルにして、さらにおしゃれ感のある着こなしに。

day 3

フレンチコーデが完成

光沢感のあるブラウスジャケットにボーダーとデニムを合わせて、きれいめカジュアルスタイルに。

day 4

ワンピースを羽織りに

ドット柄ワンピースは羽織りとしてコーディネート。白のスカートと合わせて爽やかにまとめて。

B+G+J

トップスが寂しい印象にならないように、白のネックレスでポイントを持たせて。

day 5

ワンピース×スカート

白の襟付きワンピースはスカートにインしてトップスとして着用。黒のベストを合わせて引き締める。

C+J+K

バッグやタイツ、靴をブラックでまとめることで、モノトーンの着こなしが完成。

A+E+I

+

+

+

帽子やメガネ、クラッチバッグなど、小物で遊び心をプラス。コーディネートのアクセントに。

day 6

ネイビーと黒の2色コーデ

タートルネックのカットソーをワンピースのインナーにして黒のパンツを合わせたシックスタイル。

C+E+H

+

+

+

コーディネートの雰囲気に合わせて、ブローチやバッグもナチュラル素材で軽やかに装って。

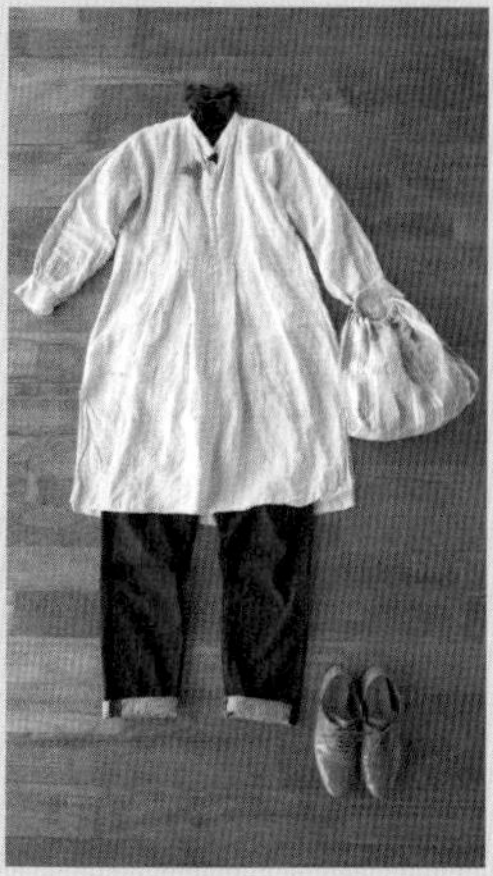

day 7

デニムとレイヤード

ワンピースとデニムの、ナチュラルなレイヤードスタイル。ワンピースの丈とデニムとのバランスが絶妙。

My Interior 1

アンティーク家具を中心に
シャビーシックな世界観にまとめる

色合いをシックにして統一感を出す

ヨーロッパのアンティークが大好きな植木さん。リビングも洋服同様に、フレンチアンティークな雰囲気にまとめられています。「アンティークとひと口に言ってもテイストがいろいろあるのですが、私はくすんだシックな色合いのものを中心に集めています。色の雰囲気を揃えることで、国や年代が違っていてもまとまりますね。また実は黒色を少し入れることで、全体がぼんやりせず引き締まります」と植木さん。くすんだカラーでまとめても黒でメリハリをつけて、シックなフレンチスタイルを実現しています。

木工作家の友人とコラボして作成したベンチ。アンティークリネンに植木さんが刺しゅう。（左）クッションのファブリックにも刺しゅうをプラス。

エントランスは押し花のフレームでお客様をおもてなし

お客様を出迎えるエントランスは押し花のフレームやコンソールテーブルを置いて装飾。額はランダムに配置して動きを出す。

ディスプレイスペースを設けて、部屋のアクセントに

部屋の一角にディスプレイコーナーを作ると、センスアップに。好きな雑貨などは、まとめて飾ることでバラバラにならず、部屋の雰囲気も自分好みになる。

ベッドルームの調度品も アンティーク家具で揃える

天蓋の布は付けずに、フレームのみを設置してシンプルシックなベッドルームに。ブラックのフレームが甘さを引き締めてくれる。

植木さんの

Interior rule

インテリア作りのルール

- □ シックな色合いの家具でまとめる
- □ 黒色は引き締めカラーとして使う
- □ 各部屋には必ず一角に ディスプレイコーナーを設ける
- □ エントランスのディスプレイを 充実させる

My Interior 2

ダイニングは
ぬくもりのある家具を中心に

色味は揃えて、バランスを取るようにする

植木さんのお宅には広々としたリビングダイニングがあります。ダイニングスペースには立派なダイニングテーブルが。「これはユーズドではなく私のお嫁入り道具なんです。1枚板で作られた天板の木の風合いが温かくてお気に入りです」と植木さん。ただし、リビングスペースの雰囲気を壊さないように、他はユーズドの家具で揃えてバランスを取っているそう。椅子は個性がありつつ、テーブルの色に近いものをセレクト。これはテーブルだけが浮かない工夫なのだとか。また、黒色のアンティークな食器棚が空間を落ち着いた雰囲気にしています。

(上・右)椅子はバラバラのデザインでも同じ木のデザインに統一すればなじみがいい。(下)お気に入りのダイニングテーブルは毎日の食事をする大切な場所。

植木さんの

mini column

お役立ちインテリア・アイデア

アンティークな家具を素敵にコーディネートするためには
色のバランスや空間使いが大切と語る植木さん。
またきっちりしすぎない程よいアンバランス感もポイントになります。

カラーを入れる場合は生花などで取り入れる

アンティーク家具は落ち着いた印象になるので、部屋に彩りを添えたい場合はものではなく、生花で色味を加えると、きれいにまとまる。

鏡を置いて部屋を広く見せる

リビングに鏡を置くことで反対側の窓を映し出すので、部屋がより広々として明るく見える。大きな鏡は存在感があるのでテイスト選びも慎重に。

照明はペンダントタイプで雰囲気と空間を彩る

植木さんが手作りした照明。ライトにアンティークな糸巻と、木の実と枝の大きなオーナメントを付け、ナチュラル感をアップ。

ディスプレイはあえてきっちり並べない

ディスプレイスペースは好きなものを飾るところなので、遊び心が大切。あえて、アンバランスに並べたほうが見ていてテンションがあがる。

My Life

持っているだけで
心豊かにしてくれる
刺しゅう作品を目指して

アトリエでアイデアを膨らませる

6年前、リボンで花などを刺しゅうしていくフランス生まれのリボン刺しゅうに出合い、今や展示会やイベントで人気の刺しゅう作家になった植木さん。自宅の一室にアトリエを設けて、作品作りをしています。「もともとハンドメイドが好きでした。はじめはレッスン感覚でしたが、自分の好きな服やインテリアと通じるものがあると感じ、のめり込んでいきました。シンプルなアイテムに刺しゅうがあるだけでオリジナリティが生まれます。刺しゅうがあるだけで、心豊かになれる、そんな作品を作り続けたいですね」

作業机の隣のシェルフにはリボンや糸を収納。すぐ使えるように箱に分けてラベルを貼っておき、規則正しく並べている。

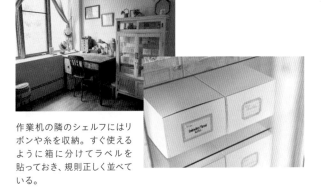

繊細で愛らしい作品は
展示会やイベントで大人気

植木さんの作品の数々。大小のリボンでリネンやレースに愛らしい花や植物が刺しゅうされている。今後も少しずつ作品の種類を増やす予定。

宝石箱のような
ソーイングボックス

作業机にはアンティークの小物入れに色とりどりの刺しゅう糸を収納。また、ボックスには小瓶を入れてこまごましたものを整理して保管。

広々としたアトリエには材料用の保管シェルフもある

さまざまな作品に対応できるように大容量のシェルフで保管。カゴバッグにレースを付けて刺しゅうすることもあれば、収納用にカゴを使うことも。

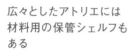

クローゼットの両端に余裕を持たせて取り出しやすくする

hiyoqo（ひよこ）さん

元アパレル勤務。コーディネートを紹介しているインスタグラムは毎回多くのコメントが寄せられ、人気を集めている。

https://www.instagram.com/hiyoqo/

家族構成▶ご主人、3歳のお子さんの 3人暮らし

Wardrobe data

シャツ・ブラウス	11点
Tシャツ	14点
キャミ・タンクトップ	6点
カットソー	13点
ニット	10点
カーディガン	3点
パンツ	12点
デニム	10点
スカート	1点
ジャケット	2点
コート	8点
パーカ	4点
帽子	10点
巻き物	2点
ベルト	3点
バッグ	11点

Closet data

広さ▶幅144cm×奥行60cm
使う人▶hiyoqoさん

カラー別、アイテム別に収納して、探しやすくする

折れ戸タイプのドアの開け閉めで洋服が取りづらくなるため、クローゼットの両端にスペースができるよう、詰め込みすぎないように収納されています。また衣替えはしないのでハンガーに掛けているアイテムはカラー別、アイテム別に並べたり、収納ケースにはラベルを貼ったりするなど、服の管理がしやすい工夫がされています。

ハンガーポールには、シャツやパンツを掛けて収納。カラーはグラデーションに並べて見た目もきれいに。ハンガーは統一。

インテリア雑貨ショップ「salut!」で購入した木製のボックスは取り出しやすく、デッドスペースの高さの調整に使いやすい。

「無印良品」の収納ケースを使用。カットソーやニットを収納。半袖と長袖は分けるなど種類別にしている。

hiyoqo さんの

クローゼット作りのルール

- □ クローゼットの中は両端を空けて開け閉めしやすくする
- □ ハンガーで収納されているものは、グラデーションで並べる
- □ ラベルを貼って、アイテムを出し入れしやすくする
- □ 一定期間、着ない服は上の棚に収納して整理する

hiyoqo
さんの

マネしたくなる！収納アイデア

コンパクトに収納されている hiyoqo さんのクローゼット。
衣替えしなくても全体をすっきり見せる収納アイデアを紹介。
シンプルにわかりやすくがポイントに。

ラベルを貼って、ものをしまう場所を特定しておく

どこにしまうのかを特定するために収納ケースはもちろん、上の棚の位置までラベルを貼って整理。「夫に洗濯物を片付けてもらうときにも便利です」

トートバッグなどは まとめて大きな袋に収納

トートやショルダーバッグなど硬さのあるバッグは、型崩れの心配がないので大きな袋にまとめて収納して、出しやすいようにクローゼットの上の棚に置く。

普段使いするものは 収納せず、椅子に掛ける

日常的にエコバッグやストールを使っているので、クローゼットにしまわず、すぐに持って出掛けられるようにリビングの椅子に掛けておく。

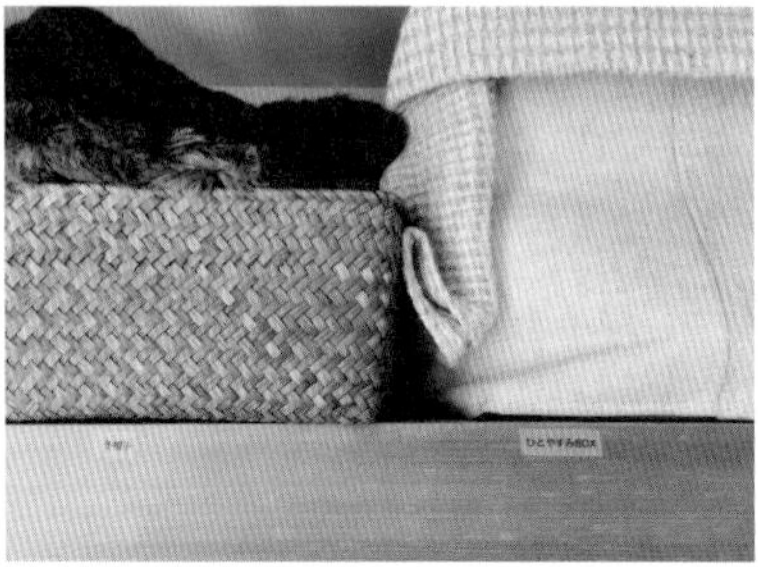

“ひとやすみ BOX” を作って洋服整理をする

1シーズン中、1カ月以上着なかったものは“ひとやすみＢＯＸ”に入れてシーズン中に検討して、処分するものを決めるようにしている。

靴下もカラーごとに並べて選びやすくする

靴下は「無印良品」の収納ケースにインナーと一緒にカラー別に収納。コーディネートを考えるときに迷わず、また買い足すときもどの色が必要かわかる。

アウターは着用後に
ブラッシングして保管

服はホームケアを基本としているhiyoqoさん。アウターはブラッシングして、いったんクローゼットの外に置いて風を通してホコリを落とす。

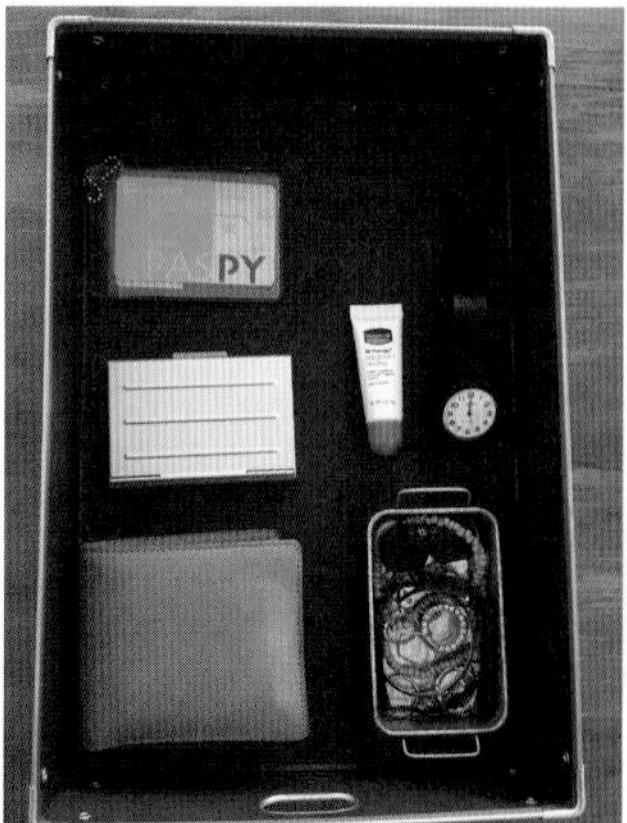

かばんの中身はボックスに
出し入れ替えをスムーズにする

帰宅したら、かばんの中身はリビングルームにあるカウンターの引き出しに入れておくと、出掛けるときもスムーズ。忘れ物防止にも効果あり。

おしゃれインテリアインスタグラマー・ブロガーの
クローゼットを拝見

Case 5

仕切り板を使って きれいに見えるように 収納する

yuki さん

シンプルで居心地のよい空間に、遊び心をプラスした家作りについて紹介している記事が大人気。

https://www.instagram.com/yuki_00ns/

家族構成▶ご主人、ふたりのお子さんの 4人暮らし

Wardrobe data

デニム	2点	シャツ・ブラウス	6点
スカート	4点	Tシャツ	4点
ジャケット	4点	キャミ・タンクトップ	6点
コート	4点	カットソー	4点
帽子	3点	ニット	7点
巻き物	4点	カーディガン	2点
バッグ	8点	パンツ	8点
ご主人分	100点	ワンピース	2点
お子さん分	80点	セットアップ	2点

Closet data

広さ▶5畳（ウォークインクローゼット）
使う人▶家族4人

服が素敵に見える すっきりした収納テク

お店のように洋服をきれいに並べて、洋服がいつまでも素敵に見えるクローゼットを目指しているyukiさん。ウォークインクローゼットの両側にあるハンガーラックは掛けすぎず、アイテムごとに間隔を空けてすっきり感をキープ。引き出しの中は仕切り板を使って、等間隔になるようにきれいに整理されています。

入って左側が子どもふたり分の収納スペース。ハンガーポールの高さを大人より低く設定し、子ども自身が着替えを楽しめるようになっている。

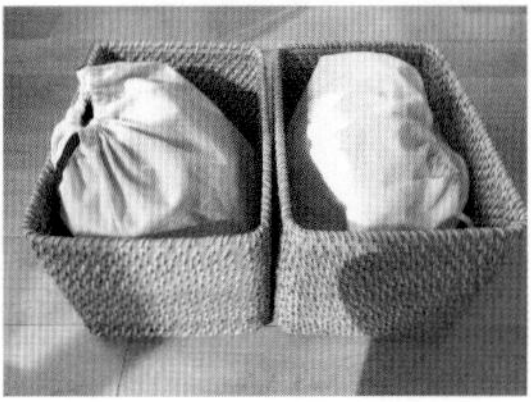

ハンガーラックの横の棚には「無印良品」で購入したラタンボックスを。中にはバッグや子どものパジャマなどを収納。

入って右側が夫婦の収納スペース。引き出しの中もあまり詰め込まないようにして、余裕のあるスペースを確保。

yuki
さんの

クローゼット作りのルール

- □ 大人用と子ども用に分けて収納する
- □ ラックには掛けすぎず少し間隔を空けて収納する
- □ 引き出し内は仕切り板を使ってきれいに収納
- □ シューズクローゼットは靴以外も賢く収納

yuki
さんの

マネしたくなる！収納アイデア

広々としたウォークインクローゼットだから、
ものが迷子にならないように収納グッズを上手に使って整理。
子ども服の収納や動線に基づいた整理術などテクがいっぱい！

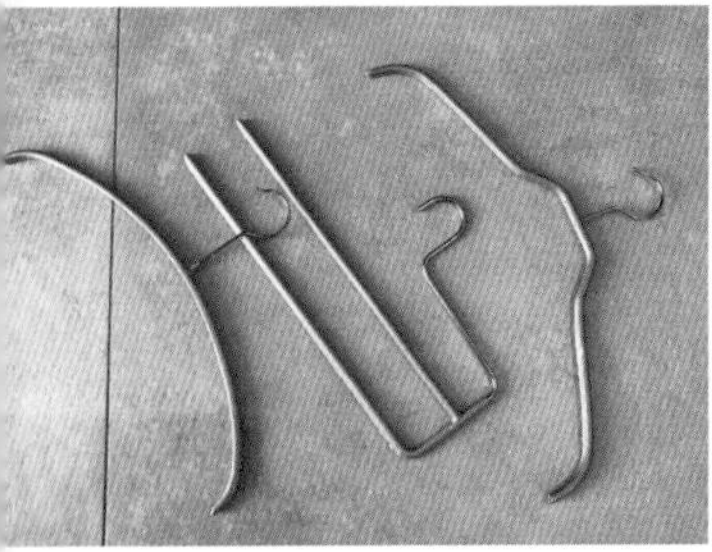

ずり落ちない、薄型の「MAWA ハンガー」を愛用

クローゼットのハンガーは「MAWA ハンガー」で揃えて、すっきりと。ずり落ちず、いろいろな種類があって重宝している。

引き出しの中は仕切り板できれいに整理

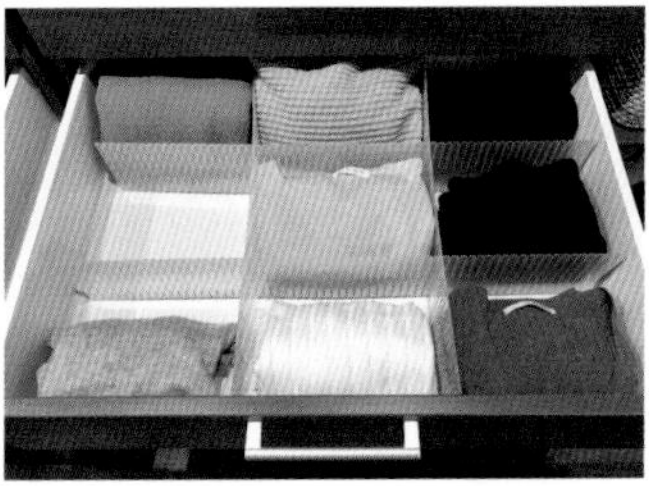

100円ショップで購入した仕切り板が大活躍。お店のディスプレイのように、仕切りごとにアイテムを保管して見た目もきれいに。

帽子は「MAWA」のクリップでとめて収納

型崩れしやすい帽子は、「MAWA」のクリップでとめて、クローゼットに掛けておく。「MAWA」のクリップは跡が付きにくく、ずり落ちないので使いやすい。

子ども用の引き出しは仕切りを小さくして収納

子どものインナーやタイツ類は「IKEA」のケースに、靴下は100円ショップのケースに収納。仕切り板は子ども服に合わせて小さくして整理。

シューズクローゼットは
靴以外の収納にも使う

シューズクローゼットには出掛けるときにすぐ取り出せるように毎日使うバッグやミニタオル、来客用のスリッパなどを「無印良品」の収納ボックスで収納。普段履かない靴は「IKEA」の SKUBB シューズボックスに入れてホコリ防止。

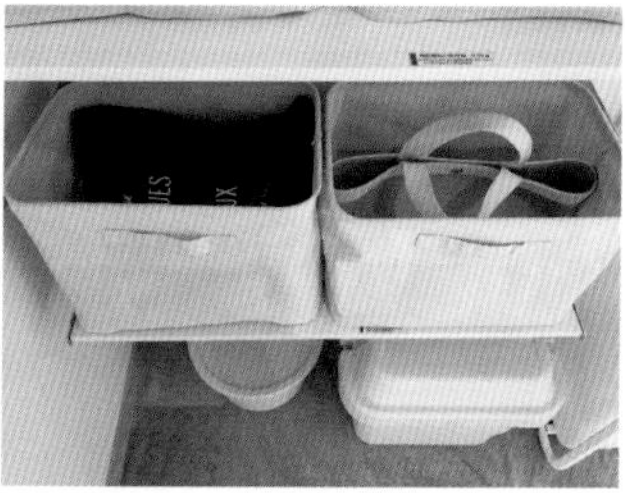

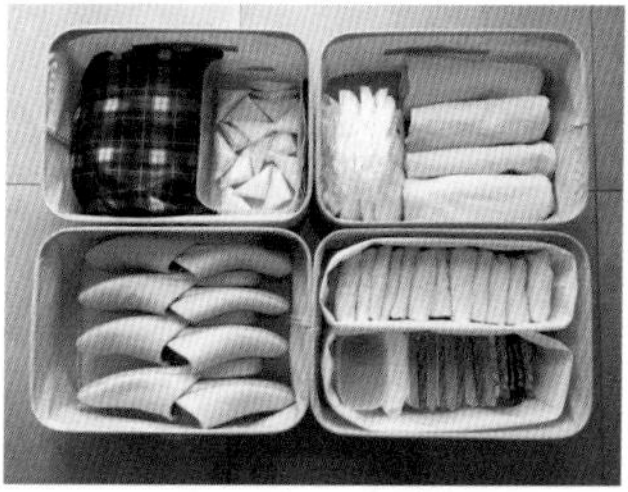

アクセサリー収納は
中身をわかりやすくする

細かいものが多いアクセサリーをしまうケースは中身がわかりやすいのがポイント。「無印良品」のアクリルケースは組み合わせも選べて整理しやすい。

帰宅したらすぐ使える場所に
ケア用品を置いておく

シューズクローゼットにアウター用の「レデッカー」のブラシと「マーチソンヒューム」の衣類用スプレーを置き、帰宅してすぐ使えるようにする。

マイナビ文庫

おしゃれ上手のクローゼット収納術

2021年12月20日　初版第1刷発行

編集　おしゃれ上手のクローゼット収納術編集部
発行者　滝口直樹
発行所　株式会社マイナビ出版
〒101-0003 東京都千代田区一ツ橋2-6-3 一ツ橋ビル2F
TEL 0480-38-6872（注文専用ダイヤル）
TEL 03-3556-2731（販売）／TEL 03-3556-2735（編集）
E-mail pc-books@mynavi.jp
URL https://book.mynavi.jp

カバーデザイン　米谷テツヤ（PASS）
印刷・製本　図書印刷株式会社

ISBN978-4-8399-7843-3
Printed in Japan